N4模拟考试

新日语能力考试考前对策

[日] 新日语能力考试研究组　编著

扫码领卡

世界图书出版公司
北京・广州・上海・西安

图书在版编目（CIP）数据

N4模拟考试：新日语能力考试考前对策 / 日本新日语能力考试研究组编著；彭金玉译. — 北京：世界图书出版有限公司北京分公司, 2022.9
ISBN 978-7-5192-9629-2

Ⅰ. ① N… Ⅱ. ①日… ②彭… Ⅲ. ①日语—水平考试—习题集 Ⅳ. ① H360.41-44

中国版本图书馆 CIP 数据核字 (2022) 第 099876 号

书　　名　N4 模拟考试：新日语能力考试考前对策
N4 MONI KAOSHI: XIN RIYU NENGLI KAOSHI KAOQIAN DUICE

编　　著　[日] 新日语能力考试研究组
译　　者　彭金玉
责任编辑　刘小芬　苏旭

出版发行　世界图书出版有限公司北京分公司
地　　址　北京市东城区朝内大街 137 号
邮　　编　100010
电　　话　010-64038355（发行）　64033507（总编室）
网　　址　http://www.wpcbj.com.cn
邮　　箱　wpcbjst@vip.163.com
销　　售　新华书店
印　　刷　北京中科印刷有限公司
开　　本　787mm×1092mm　1/16
印　　张　17
字　　数　380 千字
版　　次　2022 年 9 月第 1 版
印　　次　2022 年 9 月第 1 次印刷
版权登记　01-2021-1330
国际书号　ISBN 978-7-5192-9629-2
定　　价　59.00 元

はじめに　前言

《N4模拟考试：新日语能力考试考前对策》含三套模拟试题及答案解析，并含题型介绍及备考方法，专为以下读者编写：

✿ 决心通过新日语能力考试（JLPT）N4级别的读者

✿ 初次备考，想了解N4考试题型及备考方法的读者

✿ 想进一步提高自身的日语能力及备考技巧的读者

✿ 想对自己的日语能力进行自我检测的读者

✿本书优点✿

· 三套模拟试题的题型与真题完全相同，难易度高度接近。

· 考试题型介绍详细，针对每个题型都给出了高效、可操作性强的备考方法。

· 配精要解析，梳理核心考点及解题思路，供考生研读、吃透。

· 附有考试时间安排及评分标准。读者可模拟实战进行自我检测，并自行评分。

· 可扫码答题，另附全文翻译等电子学习资料。

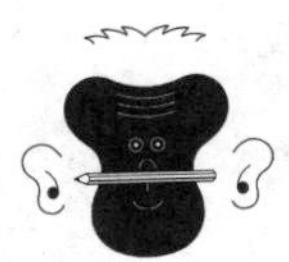

关于日语能力考试N4
（JLPT）

Q1 关于日语能力考试（JLPT）

日语能力考试以母语不是日语的人士为对象，对其日语能力进行测试和评定。该考试目前在日本47个都道府县、海外80多个国家或地区均设有考点，每年报名人数总计超过100万人，是全球最大规模的日语考试。该考试于2010年实行改革，由从前的4级到1级四个级别变为现在的N5到N1五个级别。

Q2 关于N4

N4的难度和原日语能力考试3级相当，重点考查考生对基础日语的理解，譬如能够读懂由基础词汇或汉字写成的日常话题的文章，或者在听到一段语速较慢的日常会话时，能够大致理解其意思。

Q3 N4的考试科目

N4考试设有三个科目：①语言知识（文字・词汇）、②语言知识（语法）・阅读、③听力。详细出题内容请参阅题型与对策（P2—P15）。

Q4 N4合格评定标准

N4分为两个评分单项：①语言知识（文字・词汇・语法）、阅读；②听力。①的满分为120分，②的满分为60分。综合得分（①+②）的满分为180分，及格分为90分。通过单项得分和综合得分来评定是否合格。如果①的得分没有达到38分，或者②的得分没有达到19分，那么即使综合得分再高都不能视为合格。

Q5 报考流程

第一阶段：注册个人信息和上传电子照片

阅读考生须知 〉 注册个人信息 〉 登录报名系统 〉 上传电子照片 〉 完成个人信息注册 〉

第二阶段：预定座位和支付考费，完成考试报名

登录报名系统 〉 选择报考级别和考点 〉 填写报名表 〉 同意考生承诺书 〉 完成网上支付 〉 自行打印准考证 〉 完成考试报名 〉

请登录JLPT考试官网了解详情。

https://jlpt.neea.cn/

https://jlpt.neea.edu.cn/

もくじ

この本の使い方

本书的使用方法

本书结构

本书包含三套模拟试题，配套解析及全文翻译（电子版）。每次模拟考试，请计时并集中精力解答。解答结束后自行评分，并认真阅读解析。

题型与对策 熟悉日语能力考试各种题型的答题要领，有针对性地掌握各种题型的备考方法。

答案及解析 不仅要知道是否答对，更要弄明白自己答错的原因。

✎ 对正确答案以外的选项进行解析。

□ 题中出现的词语及表达方式，以及与之相关的词语及表达方式。

试题（含答题卡） 单独取出一套题，剪下末页的答题卡，模拟实际考试，计时并独立完成。

备考计划

开始备考时：完成第 1 次模拟考试，了解考试的题型，测一测自身实力。

根据模拟考试的结果，针对自己不擅长的单项进行集中训练

- **文字・词汇・语法：**将解析中提到的词语及表达方式抄到笔记本上，边写边记。
- **阅读：**坚持每天阅读一篇完整的日语文章。
- **听力：**边看听力原文边听录音。

完成第 2 次、第 3 次模拟考试，检验自己的日语能力有没有提高。

参加考试之前：扫码答题，再做一遍模拟试题，考前巩固，查缺补漏。

电子资料

N4問題の構成と対策
N4题型与对策

時間の目安
时间分配

試験は時間との戦いです。模試を解くときも、時間をきっちりはかって解きましょう。下記はだいたいの目安です。

考试就是和时间赛跑。模拟考试时也要分配好做题时间。以下是答题的时间分配，供大家参考。

言語知識（文字・語彙）30分

	問題 问题	問題数 问题数	かける時間の目安 大题时间分配	1問あたりの時間 小题时间分配
文字・語彙	もんだい1　漢字読み	9問	3分	20秒
	もんだい2　表記	6問	2分	20秒
	もんだい3　文脈規定	10問	7分	40秒
	もんだい4　言い換え類義	5問	4分	40秒
	もんだい5　用法	5問	10分	2分

言語知識（文法）・読解　60分

	問題	問題数	かける時間の目安	
文法	もんだい1　文の文法1（文法形式の判断）	15問	8分	30秒
	もんだい2　文の文法2（文の組み立て）	5問	5分	1分
	もんだい3　文の文法	5問	10分	2分
読解	もんだい4　内容理解（短文）	1問×4文	16分	短文1つ（1問）が4分
	もんだい5　内容理解（中文）	4問×1文	8分	中文1つ（4問）が8分
	もんだい6　情報検索	2問×1文	8分	情報検索1つ（2問）が8分

聴解　50分

	問題	問題数	かける時間の目安	1問あたりの時間
聴解	もんだい1　課題理解	8問	1分20秒	10秒
	もんだい2　ポイント理解	7問	1分40秒	10秒
	もんだい3　発話理解	5問	40秒	15秒
	もんだい4　即時応答	8問	30秒	20秒

聴解は、「あとでもう一度考えよう」と思わず、音声を聞いたらすぐに答えを考えて、マークシートに記入しましょう。

听力部分，不要总想着“我待会再思考一遍”，听的同时就要思考答案，然后立刻填写答题卡。

言語知識（文字・語彙）

もんだい1　漢字読み　9問

漢字で書かれたことばの読み方を答える。
选择画线处日语汉字的正确读音。

もんだい1　＿＿＿の　ことばは　ひらがなで　どう　かきますか。1・2・3・4から　いちばん　いい　ものを　ひとつ　えらんで　ください。

れい1　この　黒い　かばんは　やまださんのです。
　1　あかい　　2　くろい　　3　しろい　　4　あおい

れい2　なんじに　学校へ　行きますか。
　1　がこう　　2　がこ　　3　がっこう　　4　がっこ

こたえ：れい1　2、れい2　3

POINT　答题要领

例1のように、読みはまったく違うけど同じジャンルのことばが選択肢に並ぶ場合と、例2のように「っ」や「゛」、長い音の有無が解答の決め手となる場合があります。例1のパターンでは、問題文の文脈からそこに入る言葉の意味が推測できることがあります。問題文は全部読みましょう。

此类题型大致可以分为两种情况。一种如例1所示，四个选项虽然读音完全不同，但词语类型相同；另一种如例2所示，"っ（促音）""゛（浊音/半浊音）"，或者长音的有无通常会成为解题的关键。像例1这样的题型，有时可以通过阅读题干推测出画线处词语的意思，因此要养成做题时把题干从头到尾读一遍的习惯。

勉強法　备考方法

例2のパターンでは、発音が不正確だと正解を選べません。漢字を勉強するときは、音とひらがなを結び付けて、声に出して確認しながら覚えましょう。一見遠回りのようですが、これをしておけば聴解力も伸びます。

像例2这样的题型，如果发音不准确则无法选中正确答案，因此学习日语汉字时，要结合汉字的读音和平假名一起记，边读边记。这样不仅可以帮助我们高效记忆，还有助于提高听力水平。

もんだい2　表記(ひょうき)　6問(もん)

ひらがなで書かれたことばを漢字でどう書くか答える。

选择与画线处假名词语相对应的汉字。

> **もんだい2　＿＿＿の　ことばは　どう　かきますか。1・2・3・4から　いちばん　いい　ものを　ひとつ　えらんで　ください。**
>
> れい　<u>らいしゅう</u>、日本へ　行きます。
>
> 1　先週　　2　来週　　3　先月　　4　来月
>
> **こたえ：2**

POINT 答题要领

漢字の問題は、長く考えたら答えがわかるというものではありません。時間をかけすぎず、後半に時間を残しましょう。

汉字题并不是想得久就能想出正确答案的。注意不要在此耗费过多时间，要把时间留给后半部分。

勉強法 备考方法

漢字を使った言葉の意味と音と表記をおぼえるだけでなく、以下の3つをするといいでしょう。

① 同じ漢字を使った言葉を集めて単漢字の意味をチェックする。
② 漢字をパーツで分類してグルーピングしておく。
③ 送りがなのある漢字は、品詞ごとにパターンを整理しておく。

学习带汉字的词语时，建议大家不仅要记住词语的意思、读音和写法，还要做以下三种事情。

①收集使用同一个汉字的词，掌握该汉字的意思。
②将汉字按照偏旁部首进行分类。
③同时含有汉字和假名的词语，可以将其按照词类进行分类，如名词、动词、形容词等。

もんだい3　文脈規定(ぶんみゃくきてい)　10問(もん)

（　　）に入れるのにいいことばを選ぶ。

在（ ）中填入恰当的词语。

> **もんだい3（　　）に　なにを　いれますか。1・2・3・4から　いちばん　いい　ものを　ひとつ　えらんで　ください。**
>
> れい　わたしは　（　　　）　ひるごはんを　食べていません。
>
> 1　すぐ　　2　もっと　　3　もう　　4　まだ
>
> **こたえ：4**

POINT 答题要领

名詞、形容詞、副詞、動詞のほか、助数詞やカタカナ語の問題が出る。

此类题型除考查名词、形容词、副词、动词以外，还经常考查量词及片假名词。

勉強法 备考方法

カタカナ語：カタカナ語は多くが英語に由来しています。カタカナ語の母語訳だけでなく、英語と結び付けておくと覚えやすいでしょう。「語末の"s"は「ス」（例：bus→バス）」など、英語をカタカナにしたときの変化を自分なりにルール化しておくと、初めて見る単語も類推できるようになります。
動詞・副詞：その単語だけでなく、よくいっしょに使われる単語とセットで、例文で覚えましょう。副詞は「程度」「頻度」「予想」など、意味ごとに分類しておくといいですよ。

片假名词：由于片假名词大多来源于英语，因此结合英语进行记忆会比较好记。例如，"バス"来源于英语的"bus"，这里的"s"变成了片假名"ス"。针对此类源自英语的片假名词，大家可以按照自己的方式对其进行整理，这样一来，即使碰上生词也能够推测出其意思。

动词、副词：除了记住该词本身的意思外，还要连同经常与其一起使用的单词，通过例句进行记忆。另外，可以将副词按照"程度""频率""预测"等意思进行分类记忆。

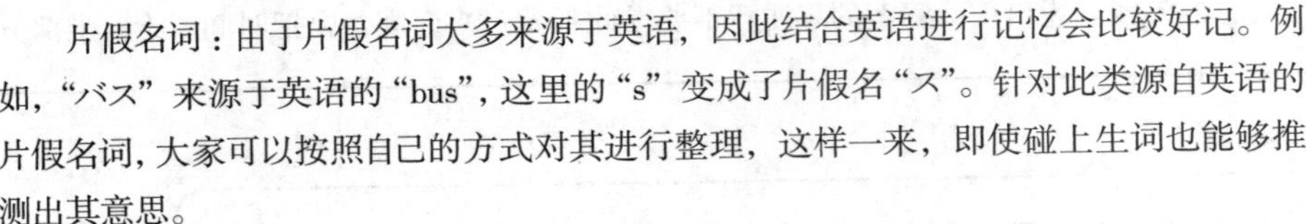

もんだい4　言い換え類義　5問

______の語や表現と意味が近い語や表現を選ぶ。

选择与______部分意思相近的选项。

もんだい4　______の　ぶんと　だいたい　おなじ　いみの　ぶんが　あります。1・2・3・4から　いちばん　いい　ものを　ひとつ　えらんで　ください。

れい　<u>この　へやは　きんえんです。</u>

1　この　へやは　たばこを　すっては　いけません。
2　この　へやは　たばこを　すっても　いいです。
3　この　へやは　たばこを　すわなければ　いけません。
4　この　へやは　たばこを　すわなくても　いいです。

こたえ：1

POINT 答题要领

まず4つの選択肢の異なっている部分を見て、最初の文の対応している部分と比べる。共通している部分はあまり気にしなくてよい。

首先观察四个选项不同的部分，并与画线句子中相对应的部分进行比较。选项中相同的部分不必在意。

勉強法 备考方法

よくいっしょに使われる単語とセットで、単語の意味をおぼえていれば大丈夫。また、「〜する」という形の動詞は、言い換えられるものが多いので、セットでおぼえておきましょう。例：「会話する」＝「話す」

通过经常搭配的词组来记住单词的意思。另外，“〜する”形式的动词通常情况下都会有与其相近的说法，最好一起记住。例：会話する＝話す

もんだい5　用法（ようほう）　5問（もん）

問題の語を使った文として、いちばんいい文を選ぶ。

选择正确使用该词的句子。

もんだい5　つぎの　ことばの　つかいかたで　いちばん　いい　ものを　1・2・3・4から　ひとつ　えらんで　ください。

（れい）　こたえる

1　かんじを　大きく　こたえて　ください。
2　本を　たくさん　こたえて　ください。
3　わたしの　はなしを　よく　こたえて　ください。
4　先生の　しつもんに　ちゃんと　こたえて　ください。

こたえ：4

勉強法 备考方法

単語の意味を知っているだけでは答えられない問題もあります。語彙をおぼえるときは、いつどこで使うのか、どんな単語といっしょに使われるか、などにも注意しておぼえましょう。

此类题型，有时只知道词义是无法选中正确答案的。记词时，大家要注意该词什么时候用在什么地方，和什么样的词语一起使用的。

言語知識（文法）・読解

もんだい1　文の文法1（文法形式の判断）　15問

文の中の（　　　）に入れるのにいちばんいいことばを選ぶ。

在（　）中填入最恰当的词语。

> **もんだい1　（　　）に　何を　入れますか。1・2・3・4から　いちばん　いい　ものを　一つえらんで　ください。**
>
> 例　あした　京都（　　　）　行きます。
>
> 　1　を　　2　へ　　3　と　　4　の
>
> **こたえ：2**

POINT 答题要领

文法問題と読解問題は時間が分かれていない。読解問題に時間をかけられるよう、文法問題は早めに解くこと。わからなければ適当にマークして次へ進むとよい。ただし、会話形式の問題など、全部読まないと答えを導き出せない問題もある。問題文は全部読むこと。

语法和阅读的答题时间是合在一起的。我们必须确保阅读部分有足够的时间，为此要尽快做完语法部分。如果遇到不会做的题，可以随便填涂一个选项，往下继续答题。但是，对话形式的题，如果不把题干看完就无法知道正确答案，因此要养成将题干从头到尾看一遍的习惯。

勉強法 备考方法

文法項目ごとに、自分の気に入った例文を1つおぼえておきましょう。その文法が使われる場面のイメージを持つこと、いっしょに使われる言葉もおぼえることが大切です。

每个语法项目，都可以通过自己喜欢的一个例句来进行记忆。关键是要对该语法的使用场景有一个整体印象，弄清楚该语法什么时候在什么样的情况下使用，同时，还要记住与该语法一起使用的单词。

もんだい2　文の文法2（文の組み立て）　5問

文にある4つの＿＿＿にことばを入れ、＿★＿に入る選択肢を答える。

将四个选项进行排序以组成正确的句子，在＿★＿填入相对应的数字。

もんだい2　＿★＿に　入る　ものは　どれですか。1・2・3・4から　いちばん　いい　ものを　一つ　えらんで　ください。

（問題例）

木の　＿＿＿　＿＿＿　＿★＿　＿＿＿　います。

1　が　　2　に　　3上　　4ねこ

こたえ：4

POINT　答题要领

＿＿＿だけでなく、文全体を読んで話の流れを理解してから、ペアが作れる単語を探して、文を組み立てていく。たいていは2番目か3番目の空欄が＿★＿だが、違うこともあるので注意。

不要只看画线部分，而要阅读并理解全句后作答。找到可以互相组成词组选项。大多数情况下，＿★＿会出现在第2或者第3个画线处，但也有例外。

勉強法　备考方法

文型の知識が問われる問題だけでなく、長い名詞修飾節を適切な順番に並べ替える問題も多く出ます。名詞修飾が苦手な人は、日ごろから、母語と日本語とで名詞修飾節の位置が違うことに注意しながら、長文を読むときに文の構造を図式化するなどして、文の構造に慣れておきましょう。

此类题型不仅会考查句型知识，也常常出现需要将一长段名词修饰成分按照恰当的顺序排列的问题。备考过程中，要注意母语和日语中名词修饰成分的不同位置；在阅读较长的句子时，可以将句子的结构做成图式以便熟练地掌握句子的结构。

もんだい3　文の文法　5問

文章の流れに合った表現を選択肢から選ぶ。

阅读短文，选择符合文章大意的选项。

もんだい3 [れい1] から [れい4] に 何を 入れますか。文章の 意味を 考えて、1・2・3・4から いちばん いい ものを 一つ えらんで ください。

大学の　思い出

わたしは　1年前に　大学を　そつぎょうした。大学生の　ときは、じゅぎょうには [れい1] と思って　いたが、その　考えは　まちがって　いた。先生の　話を　聞き、しつもんできる　チャンスは、社会に　出たら　ない。[れい2] を　して　いた　時間を、今は　とても　ざんねんに　思う。[れい3] 友人は　たくさん　できた。今でも　その　友人たちとは　よく　会って、いろいろな　話を　する。これからも　友人たちを [れい4] と　思って　いる。

れい1　1　行かなくても　いい　　2　行ったら　よかった
　　　3　行ったほうが　いい　　4　行かない　だろう

れい2　1　あのこと　　2　そんな　生活　　3　この　勉強　　4　どういうもの

れい3　1　だから　　2　しかし　　3　そのうえ　　4　また

れい4　1　大切に　したい　　2　大切に　したがる
　　　3　大切に　させる　　4　大切に　される

こたえ：れい1　1、れい2　2、れい3　2、れい4　1

POINT 答题要领

以下の2種類の問題がある。

①接続詞：下記のような接続詞を入れる。空欄の前後の文を読んでつながりを考える。

・順接（顺接）：だから、すると、それで、それなら
・逆接（逆接）：しかし、でも、けれども
・並列（并列）：また
・添加（添加）：それに、そして、それから
・選択（选择）：または、それとも
・説明（说明）：なぜなら
・転換（转换话题）：ところで
・例示（举例）：たとえば
・注目（注目）：とくに

②文中表現・文末表現：助詞や文型の知識が問われる。前後の文の意味内容を理解し、付け加えられた文法項目がどのような意味を添えることになるか考える。

此类题型通常从以下两个方面进行考查。

①接续词：考查接续词的用法。阅读空格前后的句子，并思考其间关联。

②句中及句末表达方式：考查助词的用法或句型知识。理解前后文的意思，思考选项中所使用的语法点会给句子或文章增添什么样的意思。

勉強法　备考方法

①接続詞：上記の分類をおぼえておきましょう。また、日頃から文章を読むときは、接続詞に線を引き、前後の文章のつながりを考えながら読むようにしましょう。

②文末表現・文中表現：日ごろから文法項目は例文ベースで覚えておくと役に立ちます。

① 接续词：记住以上分类并加以练习。另外，平时阅读文章时，可以把接续词标出来，然后思考其前后文的联系。

② 句中及句末表达方式：平时通过例句来学习和记忆语法，不失为一种有效的学习方法。

もんだい4　内容理解（短文）　4問

150 ～ 200字程度のテキストを読んで、内容に関する選択肢を選ぶ。

阅读 150 ～ 200 字的短文，选择符合文章内容的选项。

POINT　答题要领

メールやお知らせなどを含む短い文章を読み、文章の主旨や下線部の意味を選ぶ問題。質問を読んで、問われている部分を本文中から探し出し、印をつけて、選択肢と照らし合わせる。

此类题型需要阅读邮件或通知等短文，考查大家对文章主旨或者对下划线部分的理解。认真阅读提问，在文章中找出与提问内容相对应的部分并将其标出，然后选出正确答案。

もんだい5　内容理解（中文）4問×1

350字程度の文章を読んで、内容に関する選択肢を選ぶ。

阅读 350 字左右的文章，选择符合文章内容的选项。

POINT　答题要领

下線部の意味を問う問題が出たら、同じ意味を表す言い換えの表現や、文章中に何度も出てくるキーワードを探す。下線部の前後にヒントがある場合が多い。

对于这种就下划线部分的意思进行提问的题，可以找出表示相同意思的替换表达方式或者文章中反复出现的关键词。大多数情况下，我们可以从下划线部分的前后文找到提示。

勉強法 备考方法

まずは、全体をざっと読むトップダウンの読み方で大意を把握し、次に問題文を読んで、下線部の前後など、解答につながりそうな部分をじっくり見るボトムアップの読み方をするといいでしょう。日ごろの読解練習でも、まずざっと読んで大意を把握してから、丁寧に読み進めるという2つの読み方を併用してください。

首先“自上而下”通读，粗略地阅读整篇文章，把握文章大意；再阅读提问，“自下而上”细读、跳读，聚焦下划线部分前后的语句等，仔细阅读与提问相关的部分。在日常的阅读训练中，大家要有意识地结合使用“自上而下”和“自下而上”这两种阅读方法，先粗略阅读全文，把握文章大意后，再仔细阅读。

もんだい6　情報検索(じょうほうけんさく)　1問(もん)

広告、パンフレットなどのなかから必要な情報を探し出して答える。

从广告、宣传单中读取必要信息并回答问题。

POINT 答题要领

何かの情報を得るためにチラシなどを読むという、日常の読解活動に近い形の問題。質問に含まれる日時や料金など問題を解く手がかりになるものには下線を引き、表やチラシの該当する部分を丸で囲むなどすると、答えが見えてくる。また、表の外側やチラシのはじにある注意書きに重要なヒントが書かれていることがあるので、必ずチェックすること。

此类题型接近我们日常的阅读活动，如阅读宣传单等以获取信息。此类题型经常会对日期、时间以及费用进行提问。认真阅读提问，标出提问中与解题相关的部分，然后在表格或宣传单中找到并标出与之相对应的部分，这样的话答案就会一目了然。此外，宣传单等的开头或结尾部分所标明的注意事项中往往含有重要信息，一定要注意。

聴解（ちょうかい）

POINT 答题要领

聴解は、「あとでもう一度考えよう」と思わず、音声を聞いたらすぐに答えを考えて、マークシートに記入する。

听力部分，不要总想着“我待会再思考”，听的同时就要思考答案，然后立刻填涂答题卡。

勉強法 备考方法

聴解は、読解のようにじっくり情報について考えることができません。わからない語彙があっても、瞬時に内容や発話意図を把握できるように、たくさん練習して慣れましょう。とはいえ、やみくもに聞いても聴解力はつきません。話している人の目的を把握したうえで聞くようにしましょう。また、聴解力を支える語彙・文法の基礎力と情報処理スピードを上げるため、語彙も音声で聞いて理解できるようにしておきましょう。

听力部分无法像做阅读题那样可以充分思考。我们要做到即使有不懂的词，也能够瞬间把握对话内容和说话人意图，所以大量的练习非常重要。话虽如此，没头没脑地听是无法提高听力水平的。要在把握说话人意图的基础上进行听力训练。另外，词汇、语法和信息处理速度是听力的基础，因此在学习词汇时，可以边听边理解词义，从而提高听力水平。

もんだい1　課題理解　8問

2人の会話を聞いて、ある課題を解決するのに必要な情報を聞き取る。

听两个人的对话，听取解决某一课题所需的信息。

練習する
听例题

じょうきょうせつめいと しつもんを聞く
听场景说明和提问

▼

かいわを聞く
听两人之间的对话

▼

もう一度しつもんを聞く
再听一遍提问

▼

答えをえらぶ
选择答案并涂卡

もんだい1では、まず　しつもんを　聞いて　ください。それから　話を　聞いて、もんだいようしの　1から4の　中から、いちばん　いい　ものを　一つ　えらんで　ください。

🔊　女の人と男の人が電話で話しています。女の人はこのあとまず何をしますか。

🔊 F：もしもし。今、駅前の郵便局の前にいるんだけど、ここからどうやって行けばいいかな？

M：郵便局か。そこから大きな茶色いビルは見える？

F：うん、見えるよ。

M：信号を渡って、そのビルの方へ歩いてきて。ビルの横の道を2分くらい歩くとコンビニがあるから、その前で待っていて。そこまで迎えに行くよ。

F：うん、わかった。ありがとう。

M：うん、じゃあまたあとで。

🔊 女の人はこのあとまず何をしますか。

1　ゆうびんきょくの　前で　まつ
2　ちゃいろい　ビルの　中に　入る
3　コンビニで　買いものを　する
4　しんごうを　わたる

答え：4

答题要领

POINT

質問をしっかり聞き、聞くべきポイントを絞って聞く。質問は「（このあとまず）何をしますか。」「何をしなければなりませんか」というものが多い。「○○しましょうか。」「それはもうしたのでだいじょうぶ。」などと話が二転三転することもよくあるので注意。

仔细听提问，并抓住重点。提问几乎都是"（このあとまず）何をしますか""何をしなければなりませんか"这样的形式。注意对话过程中话题往往变来变去，比如"○○しましょうか""それはもうしたのでだいじょうぶ"等。

もんだい2　ポイント理解　7問

2人、または1人の話を聞いて、話のポイントを聞き取る。
听两个人或者一个人的会话，听取整段会话的要点。

練習する
听例题

じょうきょうせつめいと しつもんを聞く
听场景说明和提问

▼

もんだいの 1～4を読む
阅读选项1~4

▼

話を聞く
听对话或独白

▼

もう一度しつもんを聞く
再听一遍提问

▼

答えをえらぶ
选择答案并涂卡

もんだい2では、まず　しつもんを　聞いて　ください。そのあと、もんだいようしを　見て　ください。読む　時間が　あります。それから　話を　聞いて、もんだいようしの　1から4の　中から、いちばん　いい　ものを　一つ　えらんで　ください。

女の人と男の人が話しています。女の人は、結婚式で何を着ますか。

（約20秒間）

F：明日の友だちの結婚式、楽しみだな。
M：そうだね。何を着るか決めたの？
F：本当は着物を着たいんだけど、一人じゃ着られないし、動きにくいんだよね。
M：そうだね。
F：それで、このピンクのドレスにしようと思ってるんだけど、どうかな。
M：うーん、これだけだと寒いと思うよ。
F：そうかな。じゃあ、この黒いドレスはどう？　これは寒くないよね。
M：そうだけど、短すぎない？
F：そう？　短いほうがおしゃれでしょう。決めた。これにする。

女の人は、結婚式で何を着ますか。

1　ピンクの　きもの
2　くろい　きもの
3　ピンクの　ドレス
4　くろい　ドレス

こたえ：4

POINT 答题要领

質問文を聞いたあとに、選択肢を読む時間がある。質問と選択肢から内容を予想し、ポイントを絞って聞くこと。「いつ」「だれ」「どこ」「なに」「どうして」など、具体的な情報を問う質問が多い。

听完提问后，我们会有时间阅读选项。大家要通过提问和选项预测接下来要听的内容，抓重点听。提问中经常会问到“什么时候”“谁”“哪里”“什么”“为什么”这样的具体信息。

もんだい3　発話表現　5問

イラストを見ながら、状況説明を聞いて、最もいい発話を選ぶ。

看插图并听录音，选择最适合该场景的表达。

練習する 听例题

イラストを見る 看插图

▼

じょうきょうせつめいを聞く 听场景说明

▼

1～3を聞く 听选项1~3

▼

答えをえらぶ 选择答案并涂卡

もんだい3では、えを　見ながら　しつもんを　聞いて　ください。→（やじるし）の　人は　何と　言いますか。1から3の　中から、いちばん　いい　ものを　一つ　えらんで　ください。

🔊 友だちに借りた本にアイスクリームを落としてしまいました。何と言いますか。

1　本を汚してしまって、ごめんね。
2　本が汚れそうで、ごめんね。
3　本が汚れたみたいで、ごめんね。

こたえ：1

POINT　答题要领

最初に流れる状況説明と問題用紙に描かれたイラストから、場面や登場人物の関係をよく理解したうえで、その状況にふさわしい伝え方、受け答えを考える。

根据最初播放的场景说明以及插图，理解对话场景或者登场人物的关系，在此基础上，思考适合该场合的表达方式或应答方式。

もんだい4　即時応答　8問

質問、依頼などの短い発話を聞いて、適切な答えを選ぶ。

听一句简短的提问或者请求，选择最适合的应答。

練習する
听例题

しつもんなどを聞く
听提问

▼

1～3を聞く
听选项1~3

▼

答えをえらぶ
选择答案并涂卡

もんだい4では、えなどが　ありません。まず　ぶんを　聞いて　ください。それから、その　へんじを　聞いて、1から3の　中から、いちばん　いい　ものを　一つ　えらんで　ください。

🔊　おみやげのお菓子です。ひとつどうぞ。

1　わあ、いただきます。
2　いえ、どういたしまして。
3　たくさん食べてくださいね。

こたえ：1

勉強法　备考方法

問題3と4には、挨拶や、日常生活でよく使われている依頼、勧誘、申し出などの表現がたくさん出てきます。日頃から注意しておぼえておきましょう。文型についても、読んでわかるだけでなく、耳から聞いてもわかるように勉強しましょう。

在问题3和问题4中会出现很多寒暄语，也会出现很多日常生活中经常使用的请求、劝诱、提议等表达。平时用到或者听到这样的表达方式时，就将它们记下来吧。句型也是一样，不仅要看得懂，还要听得懂。

第1回　解答・解説

第1套模拟试题答案及解析

ごうかくもし　かいとうようし

N4 げんごちしき（もじ・ごい）

正答（せいとう）　答案

じゅけんばんごう Examinee Registration Number		なまえ Name	

〈ちゅうい　Notes〉

1. くろいえんぴつ（HB、No.2）でかいてください。
   Use a black medium soft (HB or No.2) pencil.
   （ペンやボールペンではかかないでください。）
   (Do not use any kind of pen.)
2. かきなおすときは、けしゴムできれいにけしてください。
   Erase any unintended marks completely.
3. きたなくしたり、おったりしないでください。
   Do not soil or bend this sheet.
4. マークれい Marking Examples

よいれい Correct Example	わるいれい Incorrect Examples
●	⊗ ✓ ○ ◎ ⊜ ⦶ ◉

もんだい1

1	①	②	●	④
2	●	②	③	④
3	①	●	③	④
4	●	②	③	④
5	●	②	③	④
6	①	②	●	④
7	①	②	●	④
8	●	②	③	④
9	①	②	●	④

もんだい2

10	①	●	③	④
11	①	②	●	④
12	●	②	③	④
13	①	●	③	④
14	①	②	●	④
15	①	②	●	④

もんだい3

16	①	②	③	●
17	●	②	③	④
18	①	●	③	④
19	①	②	③	●
20	①	●	③	④
21	①	②	●	④
22	①	②	③	●
23	①	●	③	④
24	●	②	③	④
25	①	②	●	④

もんだい4

26	①	●	③	④
27	①	②	●	④
28	●	②	③	④
29	①	②	●	④
30	●	②	③	④

もんだい5

31	①	②	③	●
32	①	②	③	●
33	●	②	③	④
34	●	②	③	④
35	①	②	③	●

ごうかくもし　かいとうようし

N4 げんごちしき（ぶんぽう）・どっかい

正答（せいとう） 答案

じゅけんばんごう Examinee Registration Number		なまえ Name	

〈ちゅうい　Notes〉

1. くろいえんぴつ（HB、No.2）でかいてください。
   Use a black medium soft (HB or No.2) pencil.
   （ペンやボールペンではかかないでください。）
   (Do not use any kind of pen.)
2. かきなおすときは、けしゴムできれいにけしてください。
   Erase any unintended marks completely.
3. きたなくしたり、おったりしないでください。
   Do not soil or bend this sheet.
4. マークれい Marking Examples

よいれい Correct Example	わるいれい Incorrect Examples
●	⊘ ✓ ○ ◎ ⊜ ⦶ ●

もんだい1

1	①	●	③	④
2	①	●	③	④
3	①	●	③	④
4	①	②	●	④
5	●	②	③	④
6	●	②	③	④
7	①	●	③	④
8	①	②	③	●
9	①	②	●	④
10	●	②	③	④
11	①	②	③	●
12	●	②	③	④
13	①	●	③	④
14	①	②	③	●
15	①	②	●	④

もんだい2

16	①	②	●	④
17	●	②	③	④
18	①	●	③	④
19	●	②	③	④
20	①	②	③	●

もんだい3

21	●	②	③	④
22	①	②	●	④
23	①	②	③	●
24	●	②	③	④
25	①	●	③	④

もんだい4

26	①	●	③	④
27	①	②	●	④
28	①	●	③	④
29	①	②	●	④

もんだい5

30	①	②	③	●
31	①	●	③	④
32	①	②	③	●
33	●	②	③	④

もんだい6

34	①	②	③	●
35	●	②	③	④

ごうかくもし　かいとうようし

N4 ちょうかい

正答(せいとう)　答案

じゅけんばんごう Examinee Registration Number		なまえ Name	

〈ちゅうい　Notes〉

1. くろいえんぴつ（HB、No.2）でかいてください。
   Use a black medium soft (HB or No.2) pencil.
   （ペンやボールペンではかかないでください。）
   (Do not use any kind of pen.)
2. かきなおすときは、けしゴムできれいにけしてください。
   Erase any unintended marks completely.
3. きたなくしたり、おったりしないでください。
   Do not soil or bend this sheet.
4. マークれい Marking Examples

よいれい Correct Example	わるいれい Incorrect Examples
●	⊗ ✓ ○ ◎ ⊜ ⦶ (grey)

もんだい1

れい	①	②	③	●
1	①	②	●	④
2	①	②	③	●
3	●	②	③	④
4	①	②	●	④
5	●	②	③	④
6	①	②	③	●
7	①	②	●	④
8	①	●	③	④

もんだい2

れい	①	②	③	●
1	①	②	③	●
2	①	②	●	④
3	①	②	●	④
4	●	②	③	④
5	①	●	③	④
6	①	●	③	④
7	●	②	③	④

もんだい3

れい	●	②	③
1	①	●	③
2	●	②	③
3	①	●	③
4	①	②	●
5	●	②	③

もんだい4

れい	●	②	③
1	●	②	③
2	①	●	③
3	①	②	●
4	●	②	③
5	①	②	●
6	①	②	●
7	①	●	③
8	●	②	③

採点表（さいてんひょう） 评分表

		配点（はいてん） 分数分配	正答数（せいとうすう） 正答数	点数（てんすう） 得分
もじ・ごい	もんだい1	1点×9問	／9	／9
	もんだい2	1点×6問	／6	／6
	もんだい3	1点×10問	／10	／10
	もんだい4	1点×5問	／5	／5
	もんだい5	1点×5問	／5	／5
ぶんぽう	もんだい1	1点×15問	／15	／15
	もんだい2	2点×5問	／5	／10
	もんだい3	2点×5問	／5	／10
どっかい	もんだい4	5点×4問	／4	／20
	もんだい5	5点×4問	／4	／20
	もんだい6	5点×2問	／2	／10
	ごうけい	120点		／120

		配点（はいてん）	正答数（せいとうすう）	点数（てんすう）
ちょうかい	もんだい1	3点×8問	／8	／24
	もんだい2	2点×7問	／7	／14
	もんだい3	3点×5問	／5	／15
	もんだい4	1点×8問	／8	／8
	ごうけい	61点		／61

按满分60分进行计算：

［　　］点÷61×60＝［　　］点

※本评分表是由本书作者根据试题难易程度而制作的。

解説（かいせつ） 解析

言語知識（げんごちしき）（文字（もじ）・語彙（ごい））

もんだい1

1　3 しなもの

品物（しなもの）：商品；物品

2　1 にゅうがく

入学（にゅうがく）：入学

2 入国（にゅうこく）：入国，入境

3 入試（にゅうし）：入学考试

4 入院（にゅういん）：住院

3　2 かよって

通（かよ）う：来往，往返

3 向（む）かう：前往，朝着

4 通（とお）る：通过

4　1 こうぎょう

工業（こうぎょう）：工业

5　1 しゅっぱつ

出発（しゅっぱつ）：出发

6　3 うんどう

運動（うんどう）：运动

7　3 しめて

閉（し）める：关，关闭

1 止（と）める：停，停止

2 決（き）める：决定

4 やめる：停止，放弃

8　1 みち

道（みち）：道路

2 橋（はし）：桥

3 家（いえ）：家

4 国（くに）：国家

9　3 えいが

映画（えいが）：电影

もんだい2

10　2 借ります

借（か）りる：借用

1 貸（か）す：借出

4 持（も）つ：持，拿

11　3 音楽

音楽（おんがく）：音乐

12　1 待って

待（ま）つ：等，等待

2 持（も）つ：持，拿

13　2 火事

火事（かじ）：火灾

3 家事（かじ）：家务

4 事故（じこ）：事故

14　3 急いで

急（いそ）ぐ：加快，赶紧

15　3 気分

気分（きぶん）：心情

4 気持（きも）ち：感觉，感受

もんだい3

16 4 ぬって

ぬる：涂，抹

1 する：做
2 濡れる：湿，湿润
3 乗る：搭乘

17 1 ひさしぶりに

久しぶりに：隔了很久

2 将来：将来
3 これから：今后，从现在起
4 今度：这次，下次

18 2 みなと

港：港口

1 空港：机场
3 町：城镇
4 駅：车站

19 4 しゅみ

趣味：爱好

1 習慣：习惯
2 興味：兴趣
3 約束：约定
※趣味＝好きである
　興味＝関心を持つ：感兴趣

20 2 かたづけて

片付ける：收拾，整理

1 消す：抹去，消除
3 比べる：比，比较
4 並べる：摆，排列

21 3 おつり

おつり：找的零钱

1 レシート：收据
2 お札：钱，纸币
4 財布：钱包

22 4 まじめ

まじめ：认真

1 たいへん：很，非常
2 ぴったり：恰好
3 ゆっくり：慢，不着急

23 2 こわかった

怖い：害怕的

1 うれしい：高兴的，愉快的
3 さびしい：寂寞的
4 はずかしい：羞耻的，难堪的

24 1 よやく

予約：预约

2 予報：预报
3 予想：预想，预测
4 予定：预定

25 3 やっと

やっと：终于

1 ちっとも…ない：一点也不……
2 確か：似乎
4 必ず：一定，必定

もんだい4

26 2 さいきん、家に　あまり　いません。

るす：不在家
家をるすにする＝家にいない

3 呼ぶ：叫，叫来
4 遊ぶ：玩，玩耍

27 3 きょうの　テストは　やさしかったです。

簡単＝やさしい：简单的

1 複雑：复杂的

2 大変：很，非常

4 難しい：难的

28　1 くるまが　こわれました。

故障：故障

壊れる：坏的

2 汚れる：脏，变脏

3 動く：动，移动

4 止まる：停，停止

29　3 いま　たばこを　すって　いません。

やめる：停止，放弃

たばこをやめる＝たばこを吸わない

1 始める：开始

2 買う：买

30　1 よく　べんきょうします。

一生懸命：拼命，努力

よく…する：经常……

2 あまり…しない：不怎么……

3 少し…する：稍微……

4 ほとんど…しない：几乎不……

もんだい5

31　4　なつやすみに　友だちと　はなびたいかいを　けんぶつしました。

見物：观赏

1 大学で経済を勉強しています。／在大学里学习经济。

勉強：学习

2 昨日、工場を見学しました。／昨天，参观了工厂。

見学：参观学习。

32　4　日本には　兄が　いますから、あんしんです。

安心：安心，放心

3 事故が起きてとても心配です。／很担心会发生事故。

心配：担心

33　1 やさいを　こまかく　きって　ください。

細かい：细小的，零碎的

2 彼の家はとてもせまいです。／他的家很狭小。

せまい：狭窄的

3 そのえんぴつは細いですね。／那个铅笔很细啊。

細い：细的

4 私の兄はとても足が小さいです。／我哥哥的脚小。

小さい：小的

34　1 水に　ぬれて、かみが　やぶれました。

破れる：破

2 台風で、木が倒れました。／因为台风，树倒了。

倒れる：倒，倒下

3 コップが落ちて、割れました。／杯子掉下去，摔碎了。

割れる：破碎

4 いすを投げたら、壊れました。

壊れる：坏

35　4 ジョンさんを　サッカーに　さそいます。

誘う：邀请

1 毎日１時間、ゲームをします。／每天玩1小时游戏。

する：做

2 春になると、さくらが咲きます。／一到春天，樱花就开了。

咲く：花开，绽放

3 雨が降ったら、傘をさします。／下雨的话，打伞。

さす：撑（伞）

言語知識（文法）

もんだい1

1　2 で

名詞＋で：表示材料、道具、方法、手段

れい　このカップはガラスでできています。／这个杯子是用玻璃做的。(材料)

えんぴつで名前を書きます。／用铅笔写名字。(道具)

アニメで日本語を勉強します。／通过动画片学日语。(方法)

電車で学校に通っています。／坐电车去学校。(手段)

2　2 なら

名詞＋なら：提示主题

れい　お茶なら、あたたかいのがおいしいです。／茶的话，还是热的好喝。

3　2 のに

～のに：明明都……

れい　30分も待っていたのに、まだ料理が来ていない。／都等了30分钟了，还没上菜。

4　3 行こう

～（よ）うと思っている＝～たいとずっと考えている：一直想……

れい　夏休みに富士山にのぼろうと思っている。／一直想暑假去爬富士山。

□旅行：旅游

5　1 だけ

～だけ：只……

れい　コンビニでパンだけ買った。／在便利店只买了面包。

3 しか…ない：仅……

れい　晩ごはんはパンしか食べなかった。

6　1 でも

名詞＋でも：(ほかにもあるが…) ……之类

れい　のどがかわいたので、ジュースでも飲みましょう。／因为口渴，所以去喝点果汁之类的吧。

7　2 はず

～はず：应该……

れい　あしたのパーティーに先生も行くはずです。／。明天的派对老师应该也去。

8　4 やさしそうな

～そう：看上去……

※“い形容词”使用“い形容词~~い~~”的形式。

れい　おいしそう：看上去很好吃

さびしそう：看上去很寂寞

大変そう：看上去很费劲

9　3 やすい

～やすい：(ある動作が簡単に行えること) 容易……，好……

れい　飲みやすい／好喝，容易喝

やりやすい／好做，容易做

10　1 ねたほうがいい

～たほうがいい：最好……，还是……为好

れい　ごはんをちゃんと食べたほうがいいよ。／还是好好吃饭为好。

□風邪を引く：感冒

□くすりを飲む：吃药，喝药

11 4 飲まされたんです

飲まされる：“飲む”的使役被动形

□顔色：脸色

12 1 なるといいです

～といい＝～たらいい：要是……就好了

れい 今度の冬休みはお母さんに会えるといいですね。／要是这次寒假能和妈妈见面就好了。
(＝今度の冬休みはお母さんに会えたらいいですね。)

13 2 手伝ってくれて

～てくれる：为我做……

れい 彼氏はケーキを作ってくれました。／他为我做了蛋糕。

4 ～てあげる：为他人做……

れい 彼女にケーキを作ってあげました。／我为她做了蛋糕。

14 4 したり、したり

～たり～たりする：(いくつかの行為の中から、例をあげる) 表示列举

れい あそこにいる人たちは食べたり飲んだりしています。／在那里的人们正又吃又喝。

15 3 読んでいません

まだ読んでいない：(いまの状態) 表示当前的状态，意为“还没有看”。

まだ読まない：(いま読む意思がない) 表示现在没有看的意思。

もんだい2

16 3

電気を 2けさないで 4かぎを 3あけた 1まま 出かけてしまいました。

～たまま：(状態が続いていること) 表示状态的持续，意为“一直……”

17 1

あとですてるから、4ごみを 2あつめて 1おいて 3ください。

～ておく：(ある目的のために、前もって何かをする) 事先做好……

18 2

家を 1出よう 4と 2した 3ときに、急に雨がふってきました。

～(よ) うとしたときに：正要……的时候

19 1

いいですね。2弟も 4つれて 1いって 3いいですか。

□連れていく：带着去

20 4

わたしは父 2に 3お酒 1を 4やめて ほしいと思っています。

(人) に (もの) をやめてほしい：希望某人停止或放弃做某事

もんだい3

21 1 が

“好き”前使用助词“が”。

れい 私は日本のアニメが好きです。

22　3 作らなくなりました

あまり…ない：不怎么……

～なる：(状態の変化を表す) 変得……

23　4 だから

だから：所以

1 そんなに：那么（表示程度、数量）

2 たとえば：比如

3 けれども：然而，但是

24　1 作れるようになりました

～ようになる：(変化を表す) 变得……，逐渐会……

難しかった→ケーキを作る練習をした→おいしいケーキが作れた

25　2 と

～と、…：(～のときは、いつも…になる) 一……总会……；一……就会……

れい　おばあさんの家に行くと、おいしい料理が食べられる。／去奶奶家的话，能吃到美味的饭菜。

読解

もんだい4

(1) 26 2

～たのしい夏まつり～

日時：7月15日（土）

15時～20時

場所：あおば公園

夏まつりに行く人は、14時に駅に集まってください。公園に自転車をおく場所がありませんから、電車などを使ってください。

雨がふったら、夏まつりは7月22日（土）になります。

あおば日本語学校

7月1日

夏まつりに行きたい人は、7月15日の14時に、電車などを使って、駅に行ってから公園に行く。

想去夏日祭典的人，于7月15日14点，乘坐电车等，去车站后去公园。

□集まる：集合

(2) 27 3

私の家はいなかにあります。1 デパートや映画館がある町まで、車で2時間くらいかかりますし、2 おしゃれなお店やレストランもあまりありません。だから、子どものとき、私はいなかが好きではありませんでした。でも、大人になって、3 このいなかが少しずつ好きになってきました。いなかにはいいところがたくさんあることに気がついたからです。4 いなかは町ほど便利じゃないですが、静かだし、水や野菜もとてもおいしいです。私はいなかが大好きです。

1　デパートや映画館がある町まで遠いので、子どものときはいなかが好きではなかった。

乡村离有百货商店、电影院的城镇远，所以小时候不喜欢乡村。

2　おしゃれなお店やレストランはあまりない。

乡村没有时髦的店铺、西餐馆。

3　○

4　町のほうが便利

城镇更便利

覚えよう

□いなか：乡下，农村

□おしゃれ（な）：时髦的，时尚的

□（に）気がつく／気づく：注意到，意识到

(3) 28 2

> 図書館を利用される方へ
>
> ➢ 1 読み終わった本は、受付に渡してください。
>
> ➢ 机やいすを使ったら、必ず片付けてください。2 ゴミは持って帰ってください。
>
> ➢ 本をコピーするときは、3 受付に言ってから、コピーをしてください。
>
> ➢ 図書館の中で、4 次のことをしないでください。
>
> ・食べたり飲んだりすること
>
> ・4 写真を撮ること

1　本を読み終わったら、受付に渡す。

读完的书交给前台。

2　○

3　受付に言ったら、コピーできる。

跟前台说后可以复印。

4　写真を撮ってはいけない。

不能拍照。

□読み終わる：阅读完毕

□渡す：交给

□片付ける：收拾，整理

(4) 29 3

> キムさん
>
> こんにちは。
>
> 1 今、キムさんは韓国にいると聞きました。2 私は23日から27日まで、韓国に行こうと思っています。もし、キムさんの都合がよかったら、夜に一緒に食事でもしませんか。3 キムさんが食事に行ける日を教えてくれたら、4 私がレストランを予約しておきます。韓国でキムさんに会えるのを、とても楽しみにしています。
>
> 田中

1　田中さんは、キムさんが韓国いることを知っている。

田中知道金在韩国。

2　韓国に行くのは田中さん。

去韩国的人是田中。

3　○

4　田中さんがレストランを予約する。

田中预约西餐馆。

覚えよう

□都合がいい：方便　　□予約：预约

もんだい5

30 4　**31** 2　**32** 4　**33** 1

私は2年前に日本に来ました。日本は、コンビニやスーパーがたくさんあって便利だし、とても生活しやすい国だと思いました。

でも、①残念なことがあります。それは、ゴミがとても多いことです。町の中を歩いていると、ゴミはほとんどなくて、どこもきれいですが、**30** 日本で生活していると、たくさんゴミが出ます。例えば、おかしを買ったとき、おかしの箱を開けたら、**32** おかしが一つひとつビニールの袋に入っていました。一つおかしを食べると、ゴミが一つ増えてしまいます。この前、スーパーでトマトを買ったら、**32** プラスチックの入れ物にトマトがおいてあって、ビニールでつつんでありました。家に帰って、料理をすると、**31** プラスチックの入れ物も、ビニールも、全部ゴミになります。だから、②私の家のゴミ箱はすぐにプラスチックのゴミでいっぱいになってしまいます。

③確かにそうすると、おかしやトマトはきれいだし、1人で生活する人に便利です。でも、私はおかしやトマトを一つひとつビニールの袋に入れたり、プラスチックの入れ物に入れたりする必要はないと思います。プラスチックやビニールの袋を使わなかったら、(　　　)。

30　日本で生活していると、ゴミがたくさん出る→残念だと思う

在日本生活会产生很多垃圾→感到遗憾

32　食べ物をビニールやプラスチックでつつむ→おかしやトマトがきれいに、生活が便利になる。

食物用塑料薄膜、塑料包装→点心、西红柿都很干净，生活变得便利。

31　食べ物がプラスチックやビニールでつつまれている→プラスチックやビニールのゴミが増える。

食物用塑料、塑料薄膜包装→塑料、塑料薄膜等垃圾增多。

33　プラスチックやビニールを使わない→ゴミが減る

不使用塑料、塑料薄膜→垃圾会减少

覚えよう

□残念：遗憾，可惜　　□つつむ：包，裹

□ビニール：塑料薄膜，乙烯基塑料　　□いっぱい：满满的，很多

□プラスチック：塑料　　□確かに：确实，的确

□入れ物：容器　　□必要：必要

もんだい6

34 4　　**35** 1

わくわくカルチャーセンター

5月は、6つの教室があります。

先生がやさしく教えてくれるので、初めての人も心配しないでください。

☆5月のスケジュール

	料金※1	場所	持ち物	時間
①バスケットボール※2	無料	体育館	飲み物 タオル	月曜日 34 18:00 ～ 19:30 金曜日 34 19:00 ～ 20:30
②水泳	500円	プール	水着・タオル 水泳帽子	木曜日 10:00 ～ 11:00 17:00 ～ 18:00
③茶道	100円	和室	なし	火曜日 10:00 ～ 11:30
④パン作り	300円	調理室	エプロン タオル	34 土曜日 10:00 ～ 12:00
⑤ピアノ	100円	教室1	なし	木曜日 17:00 ～ 18:00
⑥ギター	無料	教室2	なし	水曜日 10:00 ～ 12:00 14:00 ～ 15:00

※1　料金はそれぞれの教室の先生に払ってください。

※2　**35** バスケットボールをしたあとは、必ず体育館をそうじしてください。

わくわくカルチャーセンターに初めて参加する人は、受付で名前と電話番号を書いてください。

教室を休むときは、下の電話番号に電話してください。

わくわくカルチャーセンター

電話：0121-000-0000

34　18時から始まる教室は①バスケットボール、土曜日にやっている教室は④パン作り。

18：00开始的培训班是①篮球，周六的培训班是④面包制作。

35　バスケットボール教室が終わったら、体育館をそうじしなければならない。

篮球培训班结束后，必须打扫体育馆。

□料金（りょうきん）：费用　　□参加（さんか）〈する〉：参加

□払（はら）う：支付

聴解

もんだい1

れい　4　　N4_1_03

女の人と男の人が電話で話しています。女の人はこのあとまず何をしますか。

F：もしもし。今、駅前の郵便局の前にいるんだけど、ここからどうやって行けばいいかな？

M：郵便局か。そこから大きな茶色いビルは見える？

F：うん、見えるよ。

M：信号を渡って、そのビルの方へ歩いてきて。ビルの横の道を2分くらい歩くとコンビニがあるから、その前で待っていて。そこまで迎えに行くよ。

F：うん、わかった。ありがとう。

M：うん、じゃあまたあとで。

女の人はこのあとまず何をしますか。

1ばん　3　　N4_1_04

会社で男の人と女の人が話しています。男の人は、カメラをどうしますか。

M：田中さん、このカメラ使う？　ぼくはもう使い終わったから、どうぞ。

F：あ、実は、別のカメラを貸してもらったから、大丈夫です。ありがとうございます。

M：そうなんだ。じゃあ、どこにしまえばいいかな。棚に置いておけばいい？

F：棚の上に箱があるので、その箱に入れていただけますか。

M：うん、わかった。

F：あ、そういえば、さっき、山田さんがカメラを使いたいって言っていましたよ。

M：そうなんだ。

F：今日の午後に写真を撮ると言っていたから、すぐ渡したほうがいいと思います。

M：うん、わかった。

男の人は、カメラをどうしますか。

山田さんが午後にカメラを使いたいので、カメラを山田さんに渡す。

因为山田下午想使用照相机，所以把相机交给山田。

～たほうがいい：表示建议或意见，意为“最好……”。

えよう

□しまう：收起来
□棚：架子
□そういえば：说起来
□すぐ：立刻，马上
□渡す：交给

2ばん　4　N4_1_05

スーパーで男の人が女の人に電話しています。男の人は何を買って帰りますか。

M：今スーパーにいるんだけど、何かいる？

F：そうだな、ア アイスクリームが食べたいな。

M：わかった。あ、牛乳が安くなってるよ。

F：イ 昨日買っちゃったから、いらないよ。あ、そうだ、おいしそうな魚、ある？

M：残念ながら、ウ 魚は全部売れちゃって、置いていないよ。朝ごはんに食べるパンはいる？

ア　アイスクリーム：女の人が食べたいから、買う。

冰激凌：因为女士想吃，所以要买。

イ　牛乳：昨日買った。

牛奶：昨天买了。

ウ　魚：全部売れちゃった。

鱼：全部卖光了。

F：そうね、エ今朝全部食べちゃったから、お願い。

M：わかった。

男の人は何を買って帰りますか。

エ　パン：全部食べちゃったから、買う。

面包：全部吃完了所以要买。

覚えよう

□いる：需要
□残念ながら：很遗憾
□全部売れちゃった：全部卖光了
□全部食べちゃった：全部吃光了

3ばん　1

N4_1_06

大学で、先生が話しています。レポートはどうやって出さなければなりませんか。

M：この授業のレポートの締め切りは今月の25日です。20日から25日まで、1 私の研究室の前に箱を置いておくので、その箱に入れてください。最近、2 メールでレポートを送る人がいますが、その場合、レポートは受け取りません。また、レポートをなくしてしまうかもしれないので、3 私に直接渡すのもやめてください。25日をすぎたら、研究室の前の箱を片付けます。4 締め切りをすぎたら、私に相談しても、絶対に受け取りませんから、その時はあきらめてください。

レポートはどうやって出さなければなりませんか。

1　○

2　メールで送ってはいけない。

不能用邮件发送。

3　先生に直接渡してはいけない。

不能直接交给老师。

4　締め切りをすぎたら、先生に相談しても受け取ってもらえない。

如果过了截止日期，即使找老师谈，老师也不会接受。

覚えよう

□レポート：报告
□締め切り：截止期限
□場合：情况
□受け取る：接收
□直接：直接
□渡す：交给
□やめる：停止，放弃
□すぎる：过，超过
□片付ける：收拾
□相談〈する〉：商量
□絶対に：绝对
□あきらめる：放弃（想法）

4ばん　3 　N4_1_07

学校で男の人と女の人が話しています。男の人は、このあと何をしますか。

M：あ、佐藤さん。もう帰るの？

F：図書館に本を返したら帰ろうと思ってるんだ。

M：そうなんだ。今から駅前の喫茶店に行くんだけど、1 一緒に行かない？

F：え、あそこの喫茶店？ 1 ずっと行きたいと思ってた。

M：1 よかった。じゃあ、行こう。

F：うん、先に図書館に本を返しに行ってくるから、3 この教室で待ってて。

M：2 一緒に図書館に行こうか？

F：2 ううん、すぐ終わるから、大丈夫。

M：わかった。

男の人は、このあと何をしますか。

1 女の人と一緒に喫茶店へ行く。
和女士一起去咖啡馆。

3 ○

2 女の人が一人で図書館に本を返しに行く。
女士一个人去图书馆还书。

4 「本を読む」という話はしていない。
没有提及“读书”的话题。

覚えよう

□ずっと：一直　　□先に：先，首先

5ばん　1 　N4_1_08

電話で男の人と女の人が話しています。男の人は、このあとまず何をしますか。

M：もしもし、佐藤さん。今どこ？

F：今、駅に着いたところだよ。

M：そうか。実は電車に乗り遅れちゃって、バスで行くことにしたんだ。

F：そうなんだ。あとどのくらいかかるの？

M：うーん、そうだなあ…次のバスが10分後に来るから、そのバスに乗って…。

F：ここまでバスで何分かかるか、バスに乗る前にちゃんと調べてみてよ。わかったらまた電話して。

M：うん、わかった。

F：それまで本屋で待ってるよ。

M：うん、ごめんね。

男の人は、このあとまず何をしますか。

バスに乗る前に、まず時間を調べる。

乗坐公交车前先要查好时间。

覚えよう

□乗り遅れる：没赶上（电车，公交车等）

□かかる：耗费（时间、金钱）

□調べる：查，调查

6ばん　4

N4_1_09

お店の人と男の人が電話で話しています。男の人は、いつお店に行きますか。

F：お電話ありがとうございます。「日本料理　さくら」です。

M：あのー、1 今日7時に予約していた田中と申します。すみません、日にちを変えたいんですが、明日の6時は空いてますか。

F：少々お待ちください。…申し訳ありません、2 明日の6時はもう予約がいっぱいなので…。

M：そうですか。8時はどうですか。

F：3 8時ですね。6名様分のお席ならご用意できますが。

M：3 うーん、8人なんです。

F：でしたら、4 あさっての6時はいかがでしょうか。8名様分のお席をご用意できます。

1　今日の7時を予約したが、これから日にちを変える。

男士虽然预约了今天7点，但是现在要更改日期。

2　明日の6時はもう予約がいっぱいになっている。

明天6点已经约满了。

3　明日の8時は8人分の席がない。

明天8点没有8人的空位。

4　○

M：あ、4 じゃあその日にお願いします。 —— 4 ○

F：かしこまりました。

男の人は、いつお店に行きますか。

覚えよう

□予約〈する〉：预约
□日にち：日期
□変える：改变，变更
□空く：空，有座位
□いっぱい：满满的
□～名様分：……人份
□席：席位，座位
□用意〈する〉：准备

7ばん　3　N4_1_10

会社で男の人と女の人が話しています。女の人はこれから何をしなければなりませんか。

M：会議お疲れさま。会議室の掃除、お願いできるかな？

F：はい。1 もう机といすは片付けてしまいましたから、あとはゴミを捨てるだけです。

M：ありがとう。2 ぼくがゴミを捨てに行くから、3 加藤さんはあそこのコップを洗っておいてくれる？

F：はい。あ、会議室のカギは閉めておいたほうがいいでしょうか。

M：4 会議室はまだ使う人がいるみたいだから、そのままでいいと思うよ。

F：そうなんですか。知らなかったから、机といすを片付けてしまいました。

M：いいよ、いいよ。気にしないで。じゃあ、よろしく。

女の人はこれから何をしなければなりませんか。

1　机といすの片付けはもう終わった。
桌子和椅子已经收拾完了。

2　男の人はゴミを捨てる。
男士扔垃圾。

3　○

4　会議室のカギを閉めなくてもいい。
会议室不锁也可以。

覚えよう

□片付ける：收拾，整理
□捨てる：扔
□カギ：锁
□そのまま：照原样
□気にする：介意，担心

8ばん　2

N4_1_11

女の人と男の人が話しています。男の人はゴミをどうしますか。

F：すみません、ゴミのことなんですが…。

M：えっ？　ゴミ？　今日は月曜日だからプラスチックのゴミを出す日ですよね？

F：今日は月曜日ですが、休みなのでゴミを集めないんです。だからプラスチックのゴミは明日出さなきゃいけないんですよ。

M：あ、すみません。間違えてしまって…。

F：ゴミ捨て場に置いたままにしないでくださいね。猫やカラスが来て、汚しちゃうんです。

M：はい。すみません。

F：気をつけてくださいね。

男の人はゴミをどうしますか。

火曜日にゴミを出す。周二扔垃圾。

ゴミを持って帰らなければいけない。必须把垃圾带回去。

置いたままにする：置之不理

覚えよう

□プラスチック：塑料
□ゴミを出す：扔垃圾
□集める：收集，集中
□間違える：弄错
□ゴミ捨て場：垃圾场
□カラス：乌鸦
□汚す：弄脏
□気をつける：注意，小心

もんだい2

れい　4　N4_1_13

女の人と男の人が話しています。女の人は、結婚式で何を着ますか。

F：明日の友だちの結婚式、楽しみだな。

M：そうだね。何を着るか決めたの？

F：本当は着物を着たいんだけど、一人じゃ着られないし、動きにくいんだよね。

M：そうだね。

F：それで、このピンクのドレスにしようと思ってるんだけど、どうかな。

M：うーん、これだけだと寒いと思うよ。

F：そうかな。じゃあ、この黒いドレスはどう？　これは寒くないよね。

M：そうだけど、短すぎない？

F：そう？　短いほうがおしゃれでしょう。決めた。これにする。

女の人は、結婚式で何を着ますか。

1ばん　4　N4_1_14

学校で先生と男の子が話しています。男の子はどうして遅刻してしまいましたか。

F：田中くん、また今日も遅刻ですよ。

M：すみません、先生。

F：どうしたの？　朝早く起きられないの？

M：いいえ、毎日９時に寝て、６時に起きています。

F：じゃあ、学校に間に合うじゃない。もしかして、朝からテレビを見たりしてるんじゃない？

M：してません。実は犬を飼い始めていて、毎朝散歩に行くんです。すごく楽しくて、つい時間を忘れちゃって…。

F：そうだったの。でも、時間は守らなくてはだめだよ。

男の子はどうして遅刻してしまいましたか。

「～んです」は「～のです」の話しことば。自分の事情や理由を話したいときに使う。

"～んです"是"のです"的口语说法，在表达自己的主张或理由时使用。

覚えよう

□遅刻：迟到
□間に合う：赶得上，来得及
□実は：其实
□飼う：养，饲养
□つい：不知不觉地
□時間を忘れる：忘了时间
□守る：遵守

2ばん　3　N4_1_15

学校で男の人と女の人が話しています。男の人はいつごはんを食べに行きますか。

M：あー、お腹すいた。

F：中山くん、まだごはん食べてないの？　私、たった今ごはん食べてきたところだよ。誘えばよかったね。

M：レポートが終わったら、食べに行こうと思ってたんだ。レポートは書き終わったから、今からごはん、食べに行こうかな。

F：今どのお店も混んでると思うよ。もう少ししてから食べに行ったほうがいいんじゃない？

M：もうお腹ペコペコだよ。やっぱり、行ってくる。

男の人はいつごはんを食べに行きますか。

お腹ペコペコ＝とてもお腹がすいている：肚子非常饿

だから、もう少ししてからではなく、いま食べに行く。「行ってくる」は、「行って帰ってくる」という意味だが、「帰る」の意味はあまり強くない。

所以不是过会儿去吃，而是现在就去吃。

"行ってくる"是"行って帰ってくる"的意思，但"帰る"的意思并不强烈。

覚えよう

□たった今：刚刚
□誘う：邀请

□レポート：报告
□混む：拥挤，混杂

□やっぱり（やはり）：果然，还是，仍然

3ばん　3　　N4_1_16

家でお母さんと男の子が話しています。男の子はどうして学校に行きたくないと言っていますか。

F：おはよう。なんだか元気がないじゃない。お腹でも痛いの？

M：そんなんじゃないよ。

F：あ、もしかして今日テストを受けるのがいやだから？

M：ちゃんと勉強したから大丈夫。それより、見てよ、この髪。お母さんが昨日、短く切りすぎたから、変な髪型になっちゃったじゃないか！

F：えー、すごく似合ってるよ。

M：お母さん、風邪を引いたから、学校を休みますって連絡してくれない？

F：何言ってるの。早く学校に行きなさい。

男の子はどうして学校に行きたくないと言っていますか。

男の子は、新しい髪型がいやなので学校に行きたくない。「風邪を引いたから」は、学校を休むためのうその理由。

男孩不喜欢新发型，所以不想去学校。“因为感冒”是不想去学校而编造的理由。

覚えよう

□テストを受ける：参加考试
□髪：头发
□切りすぎる：剪过头了
□変（な）：奇怪的
□髪型：发型
□似合う：合适，相称
□連絡〈する〉：联系

4ばん　1　　N4_1_17

図書館で、図書館の人が話しています。図書館では、何をしてはいけませんか。

M：今から図書館の使い方についてお話しします。図書館はみんなが本を読んだり、勉強したりする場所ですから、話すときは、小さい声で話してください。本をコピーしたいときは、1階のコピー機を使ってください。このコピー機では、カラーコピーはできません。パソコンが使いたいときは、初めに受付でパスワードを教えてもらえば、だれでも使うことができます。飲み物は、ペットボトルに入っているものはいいですが、それ以外はだめです。

図書館では、何をしてはいけませんか。

小さい声で話してください＝大きい声で話してはいけない

请小声说话＝不要大声说话

覚えよう

□コピー機：复印机	□教える：告知
□カラーコピー：彩色复印	□ペットボトル：塑料瓶
□パスワード：密码	□以外：以外

5ばん　2　　N4_1_18

大学で女の人と男の人が話しています。男の人は大学を卒業したら、どうしますか。

F：もう4年生だけど、なかなかいい会社が見つからなくて…。

M：林さんは大学を卒業したら、仕事をするの？

F：そうだよ。ほかの友だちもみんな会社に入るために試験を受けてるよ。佐藤くんはどうするの？

M：ぼくはもう一度学校に行って、勉強するつもりだよ。

F：じゃあ、大学院に行くってこと？

M：ううん。料理の学校に行くつもりなんだ。その学校を卒業したら、海外に行ってもっと勉強しようと思ってる。将来自分のお店を開きたいと思っているからね。

F：すごいね。がんばって。

男の人は大学を卒業したら、どうしますか。

～つもり：打算……

えよう

□卒業〈する〉：毕业
□見つかる：找到
□試験を受ける：参加考试
□大学院：研究生院
□お店を開く：开店

6ばん　2　　N4_1_19

会社で男の人と女の人が話しています。会議はいつになりましたか。

M：加藤さん、明日の会議は3時からだったよね？

F：はい、そうです。

M：実は、会議の前に、お客様の会社に行かなければならなくなったから、会議が始まる時間を4時にしてほしいんだ。

F：そうですね…。1時間遅くすると、会議室が使えないんです。30分遅くしたら、会議室は予約できますが…。

M：30分か…。

F：別の日に変えましょうか。

M：いや、大丈夫だ。じゃあ、会議室の予約をお願い。

会議はいつになりましたか。

3時からの会議を30分遅くする。

3点开始的会议推迟30分钟。

えよう

□～てほしい：希望……
□遅くする：推迟，延迟
□予約：预约
□別：另外
□変える：改变，变更

7ばん　1　　N4_1_20

女の子とお父さんが話しています。女の子はどのシャツに決めましたか。

F：ねえ、お父さん。あのシャツ買ってよ。あのシャツ。

M：花の絵が描いてあるやつ？

F：違うよ、そのとなりにあるのだよ。

M：この猫の絵が描いてあるシャツ？

F：うん、それだよ。

M：でも、小さいサイズしかないよ。こっちの猫とリボンのシャツなら
ちょうどいいサイズのがあるけど。

F：すごくかわいいんだけど、似ているのがあるから…。

M：お父さんは最初のシャツがかわいいと思うけど。

F：そっか、じゃあそれにする。

女の子はどのシャツに決めましたか。

最初に話したのは花の絵のシャツ。

最开始说的是花朵图案的衬衫。

えよう

□描く：画，描绘
□サイズ：尺码
□～しかない：仅……
□リボン：丝带，缎带
□ちょうどいい：刚刚好
□似る：相似，类似
□最初：最初

もんだい3

れい　1　　N4_1_22

友だちに借りた本にアイスクリームを落としてしまいました。何と言いますか。

F：1　本を汚してしまって、ごめんね。

2　本が汚れそうで、ごめんね。

3　本が汚れたみたいで、ごめんね。

1ばん　2　　N4_1_23

車を運転しています。先生が駅まで行きたいと言っています。何と言いますか。

M：1　駅まで送りませんか。

2　駅まで送りましょうか。

3　駅まで送られますか。

～ましょうか：(提案を言うときに使う) 表达提议的说法。

2ばん　1　　N4_1_24

友だちのノートをコピーしたいです。何と言いますか。

M：1　コピーさせてもらえない?

2　コピーしてあげたら?

3　コピーしてくれてありがとう。

～させてもらえない＝～してもいい：(我) 可以……吗?

3ばん　2　　N4_1_25

バスに乗っています。友だちが気持ちが悪いと言っています。何と言いますか。

F：1　バスに乗らないほうがいいよ。

2　次のバス停で、バスを降りよう。

3　急がないとバスに間に合わないよ。

降りよう："降りる" 的意志形。

　1　～ないほうがいい：表达建议或意见的说法。"バスに乗らないほうがいい (最好不坐公交车)" 应该在乘坐公交车之前说。

□気持ちが悪い：难受

4ばん　3　　N4_1_26

寒いので、まどを閉めたいです。何と言いますか。

F：1　まどを閉めなければいけませんか。

2　まどを閉めたらどうですか。

3　まどを閉めてもいいですか。

～てもいいですか：(許可を求める表現) 可以……吗?

5ばん　1

N4_1_27

アルバイトが終わりました。これから帰ります。何と言いますか。

M：1　お先に失礼します。

2　おかえりなさい。

3　いらっしゃいませ。

お先に失礼します：(会社などで、ほかの人より先に帰るときに言うあいさつ) 在公司，先离开时的寒暄语。

もんだい4

れい　1

N4_1_29

M：おみやげのお菓子です。ひとつどうぞ。

F：1　わあ、いただきます。

2　いえ、どういたしまして。

3　たくさん食べてくださいね。

1ばん　1

N4_1_30

F：今度の日曜日に、海に行かない？

M：1　いいね、行こう。

2　ぼくは何回も行ったことがあるよ。

3　早く行きなさい。

2ばん　2

N4_1_31

F：田中くんの家から学校までどのくらいかかるの？

M：1　学校までバスで通っているよ。

2　だいたい30分くらいかな。

3　ぼくの家より学校のほうがずっと大きいよ。

どのくらいかかるの？：需要多长时间？

1　通う：来往，往返

3ばん　3

N4_1_32

F：どうしたの？なんか元気がないみたいだけど。

M：1　だれも知らないと思う。

2　薬を飲んだほうがいいよ。

3　朝からずっと頭が痛くて…。

元気がない：无精打采

～みたい：……似的

4ばん　1

N4_1_33

M：すみません、このお店はいつが休みですか。

F：1　月曜日です。

2　薬のお店です。

3　いつか会いましょうね。

いつ：(時間を聞く表現) 何时，什么时候

5ばん　3　　N4_1_34

> M：きれいな写真ですね。どこで撮ったんですか。
> F：1. 私が撮りました。
> 　　2. カメラで撮りました。
> 　　3. 海で撮りました。

どこ：(場所を聞く表現) 哪里

6ばん　3　　N4_1_35

> M：先生に相談してみたら？
> F：1. はい、相談すればよかったです。
> 　　2. はい、聞いてあげたほうがいいですね。
> 　　3. はい、そうすることにします。

そうすることにします＝そうします：就那么决定了，就那么做

7ばん　2　　N4_1_36

> F：あのう、ちょっとお聞きしたいんですが。
> M：1. それは失礼ですよ。
> 　　2. はい、どうしましたか。
> 　　3. ご注意ください。

どうしましたか：(相手が何かを相談してきたときに返すことば) 当对方有事要询问或商量时所作的应答，意为“怎么了”。

医生通常也会先说“どうしましたか（您怎么了）”。

8ばん　1　　N4_1_37

> F：このレポート、どうしたらもっとわかりやすくなるだろう。
> M：1　写真やイラストを入れたらどうですか。
> 　　2　字を大きくしなくてもいいですよ。
> 　　3　レポートの書き方を練習することにします。

このレポート、どうしたらもっとわかりやすくなるだろう：这份报告要怎么做才能更易于理解呢？

第2回　解答・解説

第2套模拟试题答案及解析

ごうかくもし　かいとうようし

N4 げんごちしき (もじ・ごい)

正答(せいとう)　答案

じゅけんばんごう Examinee Registration Number		なまえ Name	

〈ちゅうい　Notes〉

1. くろいえんぴつ (HB、No.2) でかいてください。
   Use a black medium soft (HB or No.2) pencil.
   (ペンやボールペンではかかないでください。)
   (Do not use any kind of pen.)
2. かきなおすときは、けしゴムできれいにけしてください。
   Erase any unintended marks completely.
3. きたなくしたり、おったりしないでください。
   Do not soil or bend this sheet.
4. マークれい Marking Examples

よいれい Correct Example	わるいれい Incorrect Examples
●	⊗ ✓ ○ ◎ ⊜ ⦶ ●

もんだい1

1	①	②	●	④
2	①	②	●	④
3	①	●	③	④
4	①	②	③	●
5	①	②	●	④
6	●	②	③	④
7	●	②	③	④
8	①	②	③	●
9	●	②	③	④

もんだい2

10	①	②	●	④
11	●	②	③	④
12	①	②	③	●
13	①	②	③	●
14	①	②	●	④
15	●	②	③	④

もんだい3

16	①	②	●	④
17	①	②	●	④
18	●	②	③	④
19	①	②	●	④
20	●	②	③	④
21	①	②	③	●
22	①	●	③	④
23	①	●	③	④
24	①	②	●	④
25	①	●	③	④

もんだい4

26	①	②	③	●
27	●	②	③	④
28	●	②	③	④
29	①	●	③	④
30	①	②	③	●

もんだい5

31	①	●	③	④
32	●	②	③	④
33	●	②	③	④
34	①	②	③	●
35	①	●	③	④

ごうかくもし　かいとうようし

N4 げんごちしき（ぶんぽう）・どっかい

正答（せいとう）　答案

じゅけんばんごう Examinee Registration Number		なまえ Name	

〈ちゅうい　Notes〉

1. くろいえんぴつ（HB、No.2）でかいてください。
   Use a black medium soft (HB or No.2) pencil.
   （ペンやボールペンではかかないでください。）
   (Do not use any kind of pen.)
2. かきなおすときは、けしゴムできれいにけしてください。
   Erase any unintended marks completely.
3. きたなくしたり、おったりしないでください。
   Do not soil or bend this sheet.
4. マークれい Marking Examples

よいれい Correct Example	わるいれい Incorrect Examples
●	⊗ ✓ ○ ◎ ⊜ ⦶ ●

もんだい1

1	①	●	③	④
2	●	②	③	④
3	●	②	③	④
4	①	②	③	●
5	①	②	③	●
6	①	②	●	④
7	①	②	③	●
8	①	②	③	●
9	①	●	③	④
10	①	②	③	●
11	●	②	③	④
12	●	②	③	④
13	①	②	③	●
14	①	②	●	④
15	①	●	③	④

もんだい2

16	①	●	③	④
17	●	②	③	④
18	①	②	●	④
19	①	②	③	●
20	①	●	③	④

もんだい3

21	①	②	●	④
22	①	●	③	④
23	●	②	③	④
24	①	②	③	●
25	①	●	③	④

もんだい4

26	①	②	●	④
27	①	②	●	④
28	①	②	③	●
29	①	②	●	④

もんだい5

30	①	②	③	●
31	①	②	●	④
32	●	②	③	④
33	①	②	③	●

もんだい6

34	①	●	③	④
35	●	②	③	④

ごうかくもし　かいとうようし

N4　ちょうかい

正答(せいとう)　答案

じゅけんばんごう Examinee Registration Number	

なまえ Name	

〈ちゅうい　Notes〉

1. くろいえんぴつ（HB、No.2）でかいてください。
   Use a black medium soft (HB or No.2) pencil.
   （ペンやボールペンではかかないでください。）
   (Do not use any kind of pen.)
2. かきなおすときは、けしゴムできれいにけしてください。
   Erase any unintended marks completely.
3. きたなくしたり、おったりしないでください。
   Do not soil or bend this sheet.
4. マークれい Marking Examples

よいれい Correct Example	わるいれい Incorrect Examples
●	⊗ ✓ ○ ◎ ⊜ ⦶ ●

もんだい1

れい	①	②	③	●
1	①	●	③	④
2	①	●	③	④
3	①	②	③	●
4	①	②	●	④
5	①	②	●	④
6	①	②	●	④
7	①	②	③	●
8	①	●	③	④

もんだい2

れい	①	②	③	●
1	●	②	③	④
2	①	②	③	●
3	●	②	③	④
4	①	●	③	④
5	①	②	●	④
6	①	②	●	④
7	①	●	③	④

もんだい3

れい	●	②	③
1	●	②	③
2	①	②	●
3	①	●	③
4	●	②	③
5	①	②	●

もんだい4

れい	●	②	③
1	①	●	③
2	①	●	③
3	①	②	●
4	●	②	③
5	①	②	●
6	●	②	③
7	①	●	③
8	①	②	●

採点表 评分表

		配点 分数分配	正答数 正答数	点数 得分
もじ・ごい	もんだい1	1点×9問	／9	／9
	もんだい2	1点×6問	／6	／6
	もんだい3	1点×10問	／10	／10
	もんだい4	1点×5問	／5	／5
	もんだい5	1点×5問	／5	／5
ぶんぽう	もんだい1	1点×15問	／15	／15
	もんだい2	2点×5問	／5	／10
	もんだい3	2点×5問	／5	／10
どっかい	もんだい4	5点×4問	／4	／20
	もんだい5	5点×4問	／4	／20
	もんだい6	5点×2問	／2	／10
	ごうけい	120点		／120

		配点	正答数	点数
ちょうかい	もんだい1	3点×8問	／8	／24
	もんだい2	2点×7問	／7	／14
	もんだい3	3点×5問	／5	／15
	もんだい4	1点×8問	／8	／8
	ごうけい	61点		／61

按满分60分进行折算：

□点÷61×60＝□点

※本评分表是由本书作者根据试题难易程度而制作的。

解説 解析

言語知識（文字・語彙）

もんだい1

1　3 うわぎ

上着：外衣，上衣

2　3 つよく

強い：强烈的；强有力的

1 高い：高的；贵的

2 低い：低的；矮的

4 弱い：弱的

3　2 きって

切手：邮票

3 切符：票

4　4 ちず

地図：地图

5　3 はしって

走る：跑

2 歩く：走

4 登る：攀，登

6　1 や

～屋：……店

7　1 おと

音：声响

2 声：声音

3 歌：歌，歌曲

4 曲：曲，曲子

8　4 ようじ

用事：要做的事

1 仕事：工作

3 様子：情形，样子

9　1 いけん

意見：意见

2 意味：意思，意义

3 意思：想法，打算

4 以上：以上

もんだい2

10　3 習い

習う：学，学习，练习，研究

4 学ぶ：学，学习，模仿

11　1 理由

理由：理由

2 自由：自由

4 事由：缘由

12　4 発音

発音：发音

13　4 中止

中止：中止

14　3 鳥

鳥：鸟

1 ～書：……书

2 島：岛

15　1 時計

時計：钟表

もんだい3

16　3 あつまって

集まる：聚集

1 泊まる：住宿

2 決まる：决定

4 集める：收集

17　3 よしゅう

予習：预习

1 予定：预定

2 予約：预约

4 約束：约定

18　1 ていねい

ていねい：有礼貌，恭敬

2 普通：普通

3 急：突然

4 ゆっくり：慢，不着急

19　3 しょうせつ

小説を読む

1 映画（电影）を見る

2 テレビ（电视）を見る

4 ゲーム（游戏）をやる

20　1 だれも

だれも…ない：没有一个人……

2 だれか：某人

3 だれの：谁的

4 だれと：和谁

21　4 そだてて

育てる：培育

1 呼ぶ：叫，叫来

2 生む：分娩

3 遊ぶ：玩，玩耍

22　2 ようい

用意：准备

1 試合：比赛

3 用事：要做的事

4 紹介：介绍

23　2 いれた

いれる：沏，泡

1 する：做

3 建てる：建设，建造

4 焼く：烧，烤

24　3 べつ

別：另外

1 とき：时间，时候

2 いい：好的

4 いつ：什么时候

25　2 いつか

いつか：总有一天

1 いつ：什么时候

3 いつでも：无论何时

4 いつごろ：什么时候

もんだい4

26　4 りんごより　いちごの　ほうが　すきです。

～ほど…ない：没到……的程度

27　1 わたしは　びょういんで　はたらいて　います。

（に）つとめる：任职，工作

（で）働く：劳动，工作

2（に）通う：来往，往返

3 待つ：等，等待

4（に）向かう：前往，朝着

28 1 この　えの　しゃしんを　とりたいです。

（私に）撮らせてください＝（私が）撮りたい：请允许（我）拍照，（我）想拍照

（あなたに）撮ってもらいたい＝（あなたに）撮ってほしい：想让（对方）帮忙拍照，希望（对方）拍照

29 2 これを　見ますか。

※ごらんになる："見る"更礼貌的说法。

1 聞く→お聞きになる

3 食べる→召し上がる

4 飲む→召し上がる

30 4 しゅくだいを　して　います。

～ているところ：正在……

1 終わる：结束

2 必ず：一定，必定

3 いまから：现在开始

もんだい5

31 2 となりの　へやから　こえが　聞こえます。

聞こえる：听得到，能听见

3 私の話を聞いてください。／请听我说。

4 一緒にラジオを聞きましょう。／一起听无线广播吧。

聞く：听

32 1 あした　おたくに　うかがっても　いいですか。

お宅：您家

2 私の家はとてもきれいです。／我家很干净。

家：家

4 新しいお部屋を探しています。／寻找新的房间。

お部屋：屋子，房间

33 1 でんしゃの　中で　さわがないで　ください。

さわぐ：吵闹，吵嚷

2 デパートでシャツを探しています。／在百货商店找衬衫。

探す：找

3 このポスターをかべに貼ってください。／请把这个海报贴在墙上。

貼る：贴

4 このビルは10年前に建てられました。／这个大楼是10年前建造的。

建てる：建设，建造

34 4 ぼくは　かのじょと　こうえんで　デートを　しました。

デート：约会

35 2 兄は　どうぶつの　せわを　するのが　すきです。

世話：照料，照顾

1 わからなかったので、もう一度説明をしてください。／因为没明白，所以请再说明一下。

説明：说明

言語知識（文法）

もんだい1

1　2 出かける

動詞辞書形（动词辞书形）＋ことがある：(たまに起きること) 表示偶尔发生的事

れい　宿題をするのを忘れることがある。／有时会忘记做作业。

4 ～たことがある：(過去に起きたことや経験) 过去发生的事或经验

れい　私はアメリカに行ったことがある。／我曾经去过美国。

2　1 いただきました

～ていただく："～てもらう"更礼貌的说法

れい　先生にレポートの書き方を教えていただきました。／老师教了我报告的写法。

3　1 でも

～でも：(極端な例をあげる) 即使……

れい　このビールはアルコールがないから、子どもでも飲めます。／因为这个啤酒不含酒精，所以即使小孩也能喝。

4　4 に

～にしましょう／しよう：表示提议

れい　今日の晩ごはんはギョウザにしましょう。／今天的晚饭我们吃饺子吧。

5　4 たがる

～たがる：(自分以外の人がしたいことを表す) 表示第三人称的要求或希望

れい　行きたがる／想去
買いたがる／想买

2 ～てほしい＝～てもらいたい：希望……，想……

れい　手作りのお菓子を妹に食べてほしい。／希望妹妹吃我亲手做的点心。(＝手作りのお菓子を妹に食べてもらいたい。)

6　3 ように

動詞可能形（动词可能形）＋ように：(状況がよくなることを目標に何かをする) 为了……（以情况好转为目的）

れい　一人でも海外で生活できるように、がんばって英語を勉強しています。／为了能够独自一人在海外生活，一直努力学习英语。

1 動詞辞書形（动词辞书形）＋ために：(自分の意志で何かをする) 为了……（以自己的意愿为目的）

れい　やせるために、晩ごはんを食べないことにしました。／为了变瘦，决定不吃晚饭了。

7　4 あとで

～あとで：……之后

れい　電気を消したあとで、出かけます。／关灯之后出门。

3 ～まえに：……之前

れい　ごはんを食べるまえに、手を洗います。／吃饭之前洗手。

8　4 かぶった

～たまま：(状態が続いていること) 表示状态的持续

れい　ドアを開けたまま、出かけてしまいました。／门开着就出门了。

9　2 おいて

～ておく：(ある目的のために、前もって何かをする) 事先做好……

れい　明日の会議で使う資料をコピーしておく。／事先复印好在明天的会议上使用的资料。

10　4 食べないで

～ないで：(状態が変わらないまま次のことをする) 在没……的状态下

れい　夏休みに宿題をしないで毎日遊んでいて、父におこられた。／在暑假，没做作业就整天玩，被父亲训斥了。

11　1 はじまっていました

～ていた：(話すときにその動作がすでに終わっていることを表す) 表示说话时动作已终了

れい　会場に着いたら、コンサートが終わっていました。／到了会场，音乐会已经结束了。

12　1 おこらせました

おこらせる：“おこる”的使役形。

13　4 もらえませんか

～てもらえませんか：可以……吗?

れい　すみません、写真を撮ってもらえませんか。／不好意思，能帮我拍张照片吗?

□貸す：借出

□返す：归还

14　3 も

助数詞（量词）＋も：(多いことを強調するときに使う) 表示强调数量多

れい　姉は甘いものが大好きで、昨日ケーキを5つも食べた。／。姐姐很喜欢甜食，昨天竟然吃了5个蛋糕。

□とうとう：终于

15　2 勉強させています

させる：“する”的使役形。

もんだい2

16　2

実は、4彼女　1に　3別れて　2くれ　と言われたんだ。

～てくれ：“～てください”的命令形。

17　1

今日は　4さむい　2から　1手ぶくろを　3したら　どうですか。

～たらどうですか：(相手にアドバイスをするときの言い方) 表示建议的说法

18　3

ここでタバコを　2吸っては　1いけない　4という　3ことを　知っていますよね。

～という：(内容を表す) 表示内容

19　4

ちょっと　3部屋　4まで　1見に　2行って　きます。

～まで：(移動の終点を表す) 表示移动的终点

20　2

日本語を　2たくさん　1話す　4ことができる　3クラス　はありますか。

～ことができる：可以……，能够……

もんだい3

21 3 は

は：提示主题

れい　田中さんは日本人です。／田中是日本人。

22 2 ばかり

～ばかり＝～だけ：只，仅

れい　彼は肉ばかり食べる。
（＝彼は肉だけ食べる。）

23 1 行かなくてもいいです

夏休みがはじまる→学校がお休み→学校に行かなくてもいい

～なくてもいい：不……也可以

24 4 遊んだり

～たり～たりする：（いくつかの行為の中から、例をあげる）表示从复数行为中举出两三个代表性的事例

れい　京都に行ったとき、紅葉を見たり、日本茶を飲んだりしました。／去京都的时候，看了红叶，喝了日本茶。

25 2 だから

だから：所以

1 そんなに：那么（表示程度，数量）
2 たとえば：比如
3 けれども：然而，但是

読解

もんだい4

(1) 26 3

美花へ

買い物に行ってきます。冷蔵庫の中に、ぶどうが入っているので、宿題が終わったら食べてください。ぶどうは、おばあちゃんが送ってくれました。あとで、一緒におばあちゃんに電話をかけましょう。

お母さんより

美花さんは学校から帰ってきたら、3（宿題）→2（ぶどうを食べる）

美花从学校回来后，先写作业（选项3）→再吃葡萄（选项2）

1 買い物に行くのはお母さん

去买东西的是妈妈

4 電話はお母さんが帰ってきてからかける

打电话是在妈妈回来之后

(2) 27 3

この前、友達と一緒にラーメンを食べに行きました。ラーメンを食べようとしたとき、友達が「ちょっと待って！　まだ食べないで！」と言って、ラーメンの写真をたくさん撮っていました。友達が写真を撮り終わったときには、温かいラーメンが冷めてしまって、おいしくなくなってしまいました。最近、ごはんを食べる前に写真を撮る人が増えてきました。私は、料理は一番おいしいときに食べるべきだと思うので、そういうことをしないでほしいと思います。

食べる前に写真を撮ったら、料理がおいしく食べられない。

吃饭前拍照的话，就不能吃到最好吃时候的饭菜了。

覚えよう

- □温かい：暖的，温暖的
- □～べき：应该……
- □冷める：凉，变凉

(3) 28 4

【インターネットで買われるお客様へ】

- ■ 送料は200円です。3,000円以上買うと、送料はかかりません。
- ■ 注文してから3日後に商品をお届けできます。

シャツ2,500円＋送料200円＋早く届けるサービス300円＋メッセージカード100円＝3,100円

衬衫2500日元＋运送费200日元＋快速送达服务费300日元＋留言卡100日元=3100日元

■ 注文した次の日にお届けするサービスをご利用される場合は、300円かかります。

■ メッセージカードをつける場合は、100円かかります。

■ 商品のキャンセルはできません。

覚えよう

□送料：邮费，运费
□ただ：免费
□注文〈する〉：订购，订货
□商品：商品
□届ける：送达
□サービス：服务
□場合：情况
□キャンセル：取消

(4) 29 3

私は、いつも車を運転するとき、歌を歌っています。でも、お母さんは、車を運転するときに歌を歌っていると、事故をおこしてしまうかもしれないから、やめたほうがいいと言っています。

1 車の中だったら歌を歌っても、あまりうるさくないし、とても楽しい気持ちになります。でも、3 私は事故をおこさないように、気をつけているし、2 一度も事故をおこしたことはないので、3 大丈夫だと思っています。

1 車の中で歌を歌っていると、楽しい気持ちになる。
在车里唱歌的话，会心情愉快。

3 ○

2 事故をおこしたことがない。
没有发生事故。

4 歌うのをやめることにしたとは言っていない。
没有提及作者决定不唱歌。

覚えよう

□運転〈する〉：驾驶
□事故：事故
□おこす：引发，引起
□気をつける：小心，注意

第2回 文字・語彙 文法 読解 聴解

もんだい5

30 4　31 3　32 1　33 4

山田さんの家族と私

アンナ

先週、私は山田さんの家に遊びに行きました。山田さんの家は、私のアパートから遠いので、電車とバスを使わなければなりません。私は、30 電車とバスを使うのが初めてなので、「もし、電車とバスを間違えたらどうしよう」と、とても心配でした。私が山田さんに①そのことを伝えると、31 山田さんはお父さんに、アパートまで車で迎えに来てくれるようにお願いしてくれました。山田さんのお父さんは、すぐに「②もちろん、いいよ」と言ってくれました。

山田さんの家に着くと、山田さんのお母さんと高校生の妹さんが迎えてくれました。私は山田さんの家族に国で買ってきたおみやげを渡して、「一緒に飲みましょう」と言いました。すると、③みんなは少し困った顔をしました。私が買ってきたおみやげは、ワインでした。私の国では、ワインを飲みながら、みんなでごはんを食べます。しかし、32 山田さんのお父さんとお母さんはお酒が飲めないし、山田さんと妹さんは、まだお酒を飲んではいけません。33 私は「失敗した」と思いました。おみやげを買うなら、（　　　　）と思いました。でも、山田さんの家族は、めずらしいワインだからうれしいと言ってよろこんでくれました。

そして、家族みんなで、たこ焼きを作って食べたり、ゲームをしたり、たくさん話をしたりしました。とても楽しい一日でした。

30 初めて電車とバスに乗るので、間違えるかもしれないと心配していた。

安娜第一次乘坐电车和公交车，担心可能会坐错。

31 山田さんのお父さんはアンナさんを車で迎えに来てくれた。

山田的爸爸开车来接安娜。

32 山田さんの家族はワインが飲めない。

山田的家人不能喝葡萄酒。

4 お酒を飲んではいけないのは山田さんと妹さんだけ

不能喝酒的只有山田和他的妹妹

33 お酒が飲めるかどうかを聞かないでワインを買ってしまったので、「失敗した」と思った。

安娜觉得“自己很失败”，是因为没有先问问山田是否能喝酒就买了葡萄酒。

覚えよう

- □間違える：弄错
- □心配：担心
- □伝える：传达，告诉
- □迎える：迎接
- □もちろん：当然
- □困る：为难，苦恼
- □失敗：失败
- □めずらしい：罕见的，珍贵的

もんだい6

34 2　**35** 1

あおぞら大学図書館のご利用について

● 利用できる人

あおぞら大学の大学生・留学生・先生

あおぞら市内にあるさくら大学・うみの大学の大学生・留学生・先生

● 利用時間

月曜日～金曜日　8：30～20：00

土曜日　9：00～17：00

● 利用方法

あおぞら大学の大学生・留学生・先生が図書館を利用するときは、大学からもらった利用カードを使ってください。

34 あおぞら大学ではない大学の大学生・留学生・先生が、初めて図書館を利用するときは、受付で利用カードを作ってください。

● 借りるとき

借りたい本やCDなどと利用カードを一緒に受付に出してください。

本は2週間借りることができます。

CD、DVDは1週間借りることができます。

● 返すとき

返す本やCDなどを受付に返してください。

図書館が閉まっているときは、入口の前にある返却ボックスに入れてください。

34 リーさんはあおぞら大学の留学生ではないので、初めて図書館に行くときは、まず受付で利用カードを作らなければならない。

因为小李不是青空大学的学生，所以第一次去图书馆时必须先在前台办卡。

第2回

文字・語彙　文法　読解　聴解

35 CD、DVDは返却ボックスに入れないで、必ず受付に返してください。

● 注意

本をコピーするときは、コピー申込書を書いて、受付に出してください。

図書館の本を汚したり、なくしたりした場合は、必ず図書館に連絡してください。

あおぞら大学図書館

35　CDは受付に返さなければならない。図書館は日曜日はお休みなので、ほかの日に返すしかない。

CD必须在前台归还。图书馆周日休息，所以只能改日归还。

□市内：市内

□返却：返还，归还

□注意：注意

□申込書：申请书

□汚す：弄脏

□連絡〈する〉：联系

聴解

もんだい1

れい　4　　N4_2_03

女の人と男の人が電話で話しています。女の人はこのあとまず何をしますか。

F：もしもし。今、駅前の郵便局の前にいるんだけど、ここからどうやって行けばいいかな？

M：郵便局か。そこから大きな茶色いビルは見える?

F：うん、見えるよ。

M：信号を渡って、そのビルの方へ歩いてきて。ビルの横の道を2分くらい歩くとコンビニがあるから、その前で待っていて。そこまで迎えに行くよ。

F：うん、わかった。ありがとう。

M：うん、じゃあまたあとで。

女の人はこのあとまず何をしますか。

1ばん　2　　N4_2_04

病院で女の人と医者が話しています。女の人は、何をしてはいけませんか。

F：先生、今日は仕事に行ってもいいでしょうか。

M：1 仕事は、まあ、いいでしょう。会社まではどうやって行きますか。

F：自転車です。

1　仕事をしてもいい。
可以工作。

M：3 まだ怪我が治っていないので、タクシーを使ったほうがいいでしょう。2 怪我が治ったら、自転車に乗ってもいいですが、治るまではやめてください。

F：あのう、お風呂は？

M：4 お風呂はいつも通りでいいですよ。

F：わかりました。ありがとうございました。

M：おだいじに。

女の人は、何をしてはいけませんか。

3 怪我が治る前に、タクシーを使う。

伤痊愈之前乘坐出租车。

2 怪我が治る前に、自転車に乗ってはいけない。○

伤痊愈之前不能骑自行车。

4 お風呂に入ってもいい。

可以洗澡。

えよう

□どうやって：怎样，如何

□怪我：伤，受伤

□治る：痊愈

□いつも通り：照常，和平时一样

□おだいじに：请多保重

2ばん　2

N4_2_05

お店の人と、男の人が話しています。男の人はいくら払いますか。

F：いらっしゃいませ。この棚にあるネクタイは３本で1,000円です。

M：へえ、安いですね。このネクタイも３本1,000円で買えますか。

F：いいえ、こちらのネクタイは１本2,000円です。ですが、もう一つ2,000円のネクタイを買うと、50%お安くなります。

M：え、ということは、ネクタイが１本無料になるということですか？

F：はい。とてもお得ですよ。

M：じゃあ、これください。

男の人はいくら払いますか。

１本無料になる＝２本で2,000円

1条领带免费=2条领带一共2000日元

覚えよう

□払う：支付　　□お得：合算，有赚头
□無料：免费

3ばん　4

N4_2_06

女の人と男の人が話しています。女の人は、今からどこに行きますか。

F：財布にお金が入っていないから、郵便局に行ってくるね。

M：ATM行くんだろう？　ほら、あそこに銀行があるでしょ？　そこに行けば？

F：そうね。あれ？「本日はメンテナンスのため、ATMがご利用できません」って書いてある。もう、ついてないな。

M：でも郵便局は遠すぎるよ。コンビニのほうがいいと思うよ。

F：私、コンビニのATMを使ったことがないから、よくわからないよ。

M：使い方は簡単だよ。郵便局のATMと同じだよ。

F：あ、大変！　カードを家に忘れちゃった。取りに行かなきゃ。

M：仕方ないな。じゃあ、ここで待ってるよ。

女の人は、今からどこに行きますか。

カードがないとATMを使えないので、まず家にカードを取りに行く。

因为没有卡，无法使用ATM，所以首先要回家取卡。

覚えよう

□メンテナンス：维护，保养　　□仕方ない：没办法，无可奈何
□利用〈する〉：利用，使用
□ついていない：不走运，倒霉
□簡単：简单

4ばん　3　　N4_2_07

学校で先生が話しています。学生は何を持っていかなければなりませんか。

M：みなさん、明日はパン工場に見学に行きます。明日は、電車に乗って行きますから、時間に遅れないようにしてください。ア電車代は学校が払いますから、お金は必要ありません。工場に着いたら、工場の人からお話を聞きます。そしてお昼は、できたばかりのパンを食べさせてくださるそうです。パンをいただくので、イお弁当はいりませんが、ウお茶は用意してください。エ工場見学ですから教科書は持ってこなくてもいいですが、オ今日の宿題は忘れずに持ってきてくださいね。

学生は何を持っていかなければなりませんか。

ア　お金を持っていかなくてもいい。
可以不带现金。

イ　お弁当を持っていかなくてもいい。
可以不带盒饭。

エ　教科書を持っていかなくてもいい。
可以不带课本。

ウ　お茶を持っていく。
带茶水去。

オ　宿題を持っていく。
带作业去。

覚えよう

□工場：工厂	□払う：支付
□見学：参观学习	□必要：必要，需要
□遅れる：晚，迟到	□用意〈する〉：准备
□電車代：电车费	□忘れる：忘记

5ばん　3　　N4_2_08

会社で女の人と男の人が話しています。女の人はどこにパソコンを置きますか。

F：部長、新しいパソコンが届きました。

M：じゃあ、棚のところに置いといてくれるかな？

F：棚はほかの荷物でいっぱいで、どこにも置く場所がないですね…。

M：それはぼくが使うつもりだから、ぼくの机の下に置いといて。

F：机の下だと汚れちゃいますね。棚のとなりにあるテーブルの上に何も置いていないから、そこに置きましょうか。

M：うーん、すぐ使うから、ぼくの机の上でいいよ。

F：はい、わかりました。

女の人はどこにパソコンを置きますか。

パソコンを机の上に置く。

把电脑放在桌子上。

机の上でいいよ＝机の上に置いてください

覚えよう

□届く：送达，送到

□棚：架子

□いっぱい：满满的

□～つもり：打算……

□汚れる：脏，不干净

6ばん　3

N4_2_09

男の人が話しています。朝ごはんを食べたい人は何時にレストランに行きますか。

M：ホテルについてご説明いたします。ホテルには温泉がございます。1 温泉は朝5時から夜11時までご利用いただけますが、2 昼2時から4時までは、掃除をする時間なので入ることはできません。お食事は2階のレストランで召し上がってください。3 朝は6時から10時まで、4 夜は4時から10時までです。お昼はやっておりませんので、ご注意ください。

朝ごはんを食べたい人は何時にレストランに行きますか。

1　朝5時～夜11時：温泉に入れる時間

早上5:00~晚上11:00：温泉使用时间

2　昼2時～昼4時：温泉を掃除する時間

下午2:00~4:00：温泉打扫时间

3　朝6時～朝10時：朝ごはんの時間

早上6:00~10:00：早餐时间

4　夜4時～夜10時：晩ごはんの時間

下午4:00~晚上10:00：晚餐时间

覚えよう

□説明〈する〉：说明

□利用〈する〉：利用，使用

□掃除〈する〉：扫除，打扫

□召し上がる：吃，喝

□注意〈する〉：注意

7ばん　4

N4_2_10

会社で女の人と男の人が話しています。男の人は、だれを手伝いますか。

F：今日は山本さんがお休みだから、片付けを手伝ってほしいんだけど。石田くん、今、お願いできる？

M：すみません、今ちょうど、社長から電話がかかってきて、これから出かけるんです。

F：そうか。じゃあ、片付けは林くんに手伝ってもらう。

M：すみません。3時ごろに戻るので、そのあとなら時間があります。

F：そう？ じゃあ、午後、大野さんが荷物をたくさん送るって言っていたから、それを一緒にやってもらっていい？

M：わかりました。では、行ってきます。

男の人は、だれを手伝いますか。

3時に戻ってきてから、大野さんと一緒に荷物を送る。

男士三点回来后，和大野一起送货物。

～てもらっていい＝～てもらえますか：可以帮我……，能帮我……

覚えよう

□手伝う：帮忙　　□今ちょうど：刚刚

□～てほしい：希望……　　□戻る：返回

8ばん　2

N4_2_11

天気予報を見て、女の人と男の人が話しています。女の人は、これからどこへ行きますか。

F：今日は久しぶりに晴れたね。

M：天気予報では午後から雨って言ってるけど。

F：本当に？ これから買い物に行こうと思ってたんだけど、雨が降るならやめようかな。

M：買い物なら、建物の中だから、雨が降っても大丈夫じゃない？

F：うーん、買ったものがぬれるといやだから、1 ネットで買うことにするよ。2 晴れているうちに、自転車を直しに行ってくるよ。壊れちゃったんだよね。

M：あ、あの図書館のとなりの店？

F：うん、じゃあ行ってきます。

女の人は、これからどこへ行きますか。

1　買い物はデパートなどではなく、ネットで買うことにした。

女士买东西不是去百货商店，而是决定在网上买。

2　午後から雨だから、雨が降る前に自転車を直しに行く。

因为下午开始下雨，所以下雨前去修自行车。

～うちに：趁着……

覚えよう

□久しぶりに：时隔许久

□晴れる：晴，放晴

□建物：建筑物

□ぬれる：湿，润湿，淋湿

□直す：修理

□壊れる：坏

もんだい2

れい　4

N4_2_13

女の人と男の人が話しています。女の人は、結婚式で何を着ますか。

F：明日の友だちの結婚式、楽しみだな。

M：そうだね。何を着るか決めたの？

F：本当は着物を着たいんだけど、一人じゃ着られないし、動きにくいんだよね。

M：そうだね。

F：それで、このピンクのドレスにしようと思ってるんだけど、どうかな。

M：うーん、これだけだと寒いと思うよ。

F：そうかな。じゃあ、この黒いドレスはどう？　これは寒くないよね。

M：そうだけど、短すぎない？

F：そう？　短いほうがおしゃれでしょう。決めた。これにする。

女の人は、結婚式で何を着ますか。

1ばん　1　　N4_2_14

公園で、男の人と女の人が話しています。子どものとき、男の人は何をして遊んでいましたか。

M：なつかしいな。子どものとき、よくこの公園で遊んだものだよ。

F：何して遊んでたの？

M：毎日のように友だちと野球していたな。今は、野球やサッカーはしちゃいけないみたいだけど。

F：ボールが飛んできたら危ないもんね。

M：でもバスケットボールはやってもいいんだって。

F：へえ、そうなんだ。

M：最近、公園に池ができて、魚つりができるようになったんだよ。いつか子どもができたら、この公園で一緒に遊びたいな。

子どものとき、男の人は何をして遊んでいましたか。

毎日のように：几乎每天

□なつかしい：怀念的
□野球：棒球
□サッカー：足球
□ボール：球
□バスケットボール：篮球
□魚つり：钓鱼

2ばん　4　　N4_2_15

会社で女の人が社長の一週間のスケジュールについて話しています。社長が空港に行くのは何曜日ですか。

F：社長、今週一週間のスケジュールを確認します。月曜日は一日ずっと会議があります。火曜日と水曜日は大阪出張です。大阪行きの新幹線はもう予約してあります。木曜日の午前中は、テレビのインタビュー、午後からホテルでパーティーがあります。金曜日はアメリカからお客様がいらっしゃいます。空港でお客様をお迎えして、会議をしたあと、日本料理のレストランでお食事をします。

社長が空港に行くのは何曜日ですか。

金曜日にアメリカのお客様を迎えに空港に行く。

社长星期五去机场迎接美国来的客户。

月曜日は一日中会議をする。水曜日は新幹線で大阪出張。木曜日はインタビューとパーティー。

社长星期一开会一整天，星期三乘坐新干线去大阪，星期四有采访和派对。

覚えよう

- □スケジュール：日程，日程表
- □確認〈する〉：确认
- □ずっと：一直，始终
- □出張：出差
- □～行き：开往……
- □予約〈する〉：预约
- □インタビュー：采访
- □迎える：迎接
- □食事：吃饭，用餐

3ばん　1

N4_2_16

女の人と男の人が話しています。二人はレストランまでどうやって行きますか。

F：ねえ、このレストラン、駐車場がないから、車で来ないでくださいって。

M：じゃあ、電車で行く？

F：うーん。でも駅からレストランまでけっこう遠いんだよ。歩いて20分くらいかかるみたい。

M：どうする？　タクシーで行く？

F：あ、でもレストランの近くに駐車場があるみたい。

M：本当だ。車を1時間止めたら、300円払わないといけないけど、しかたない。

二人はレストランまでどうやって行きますか。

お金を払わなければいけないが、レストランの近くの駐車場に車を止めることにした。

虽然需要付停车费，但是两人还是决定将车停在西餐馆附近的停车场。

しかたない：没办法，无可奈何

□どうやって：怎样，如何
□駐車場：停车场
□止める：停，停住
□払う：支付

4ばん　2

N4_2_17

ニュースでアナウンサーが話しています。どうして運転手は事故を起こしてしまいましたか。

M：夜10時ごろ、コンビニの前で車と人がぶつかる事故がありました。この道は、いつもは車が多いですが、1 この時間は車はほとんど走っていませんでした。事故を起こした運転手は、2 いきなり人が道路に飛び出してきて、ぶつかったと言っています。車にぶつかった人は、「コンビニに行くために道を渡ろうとした。3 携帯電話を見ていたので、4 車に気がつかなかった」と言っています。

どうして運転手は事故を起こしてしまいましたか。

1 車がほとんどなかった。
路上几乎没有车。

2 ○

3 携帯電話を見ていたのは運転手ではない。
看手机的不是司机。

4 車に気がつかなかったのは運転手ではない。
没有注意到车辆的不是司机。

覚えよう

□アナウンサー：播音员
□運転手：司机
□ぶつかる：碰，撞
□いきなり：突然
□道路：道路
□飛び出す：闯出，突然出现
□（に）気がつく／気づく：发觉，注意到

5ばん　3

N4_2_18

学校で女の人と男の人が話しています。男の人はどれくらい英語を勉強していますか。

F：木村くん、最近すごく英語が上手になったね。先生がすごくほめていたよ。

M：ありがとう。最近英語レッスンに通い始めたんだ。

F：そうなんだ。毎日？

M：ううん、毎週月曜日と水曜日の2回だけだよ。

F：それだけで、英語が上手になるの？　私も英語レッスンに通おうかな。

M：あと、毎週金曜日に留学生と英語を使って話をするレッスンがあるんだ。そのレッスンに行くと、すごく勉強になるよ。今度一緒に行ってみない？　楽しいよ。

F：本当？　ぜひ行ってみたい。

男の人はどれくらい英語を勉強していますか。

月曜日、水曜日：英語レッスン

星期一、星期三：有英语课

金曜日：留学生と英語を使って話をするレッスン

星期五：有和留学生用英语进行对话的课程

覚えよう

□ほめる：夸奖，表扬　　□通う：来往，往返

□レッスン：课程　　□ぜひ：务必，一定

6ばん　3

N4_2_19

男の人と女の人が話しています。だれが車を運転しますか。

M：今日は暑いなあ。ビールでも飲みに行こうよ。料理もビールもおいしいお店があるんだ。

F：お店までどうやって行くの？

M：車で行くのが一番いいと思うよ。

F：待って。車を運転するときは、お酒は飲んじゃいけないから、車で行くのはやめましょう。

M：それもそうだね。じゃあ、今日はやめておく？

F：でも、お店でおいしいごはんが食べたいな。私は今夜、飲まないことにするから、行きましょう。

M：ありがとう。行くときはぼくが運転するから、帰りは君に運転をお願いするよ。

だれが車を運転しますか。

男の人はお酒を飲むから、帰るときは運転できない。だから、帰るときはお酒を飲まない女の人が運転する。

男士喝酒，所以回来的时候不开车。因此，回来的时候由不喝酒的女士开车。

覚えよう

□運転〈する〉：驾驶　　□ぼく：我（男子的自称）

□どうやって：怎样，如何　　□帰り：回来时，归途

□やめる：停止；放弃　　□君：你

□今夜：今晚

7ばん　2

N4_2_20

電話で女の人と男の人が話しています。男の人は今どこにいますか。

F：もしもし？　私、今駅に着いたんだけど、もう着いている？

M：ごめんごめん、実はまだ家でさ…。

F：え？　どうして？　もしかして寝坊したの？

M：違うよ。朝友だちから電話がかかってきて、急にお腹が痛くなったから、病院に一緒に行ってくれないかって頼まれたんだ。急いで友だちの家に行って、それから友だちを病院に連れていって、さっき帰ってきたところ。

F：え、それで友だちは大丈夫だったの？

M：病院に行ったから、もう大丈夫だよ。今から急いでそっちに行くね。

男の人は今どこにいますか。

まだ家にいる。

男士还在家里。

覚えよう

□寝坊〈する〉：睡懒觉　　□急ぐ：赶紧，赶快

□急に：突然　　□連れていく：带着去

もんだい3

れい　1　　N4_2_22

友だちに借りた本にアイスクリームを落としてしまいました。何と言いますか。

F: 1　本を汚してしまって、ごめんね。

2　本が汚れそうで、ごめんね。

3　本が汚れたみたいで、ごめんね。

1ばん　1　　N4_2_23

家に荷物を忘れてしまいました。荷物を家に取りに帰ります。何と言いますか。

M: 1　今から取ってきます。

2　今から取っておきます。

3　今から取ってしまいます。

取ってくる＝取りに行って、戻ってくる：去取回来

2ばん　3　　N4_2_24

子どもがたくさんお菓子を食べています。歯が痛いと言っています。何と言いますか。

F: 1　歯が痛くなるはずがないよ。

2　お菓子を食べてもかまわないよ。

3　お菓子ばかり食べているからだよ。

～ばかり＝～だけ：只……

3ばん　2　　N4_2_25

顔を洗っています。タオルがありません。何と言いますか。

M: 1　タオルです。どうぞ。

2　タオル、取ってくれない？

3　タオル、使ってみるね。

～てくれない：“～てくれませんか”较随意的说法。

4ばん　1　　N4_2_26

靴が小さくて、はけません。何と言いますか。

M: 1　もう少し大きいのはありますか。

2　もう少し大きくしましょうか。

3　もう少し大きくしてもいいですか。

大きいの＝大きい靴

5ばん　3　　N4_2_27

お菓子が置いてあります。食べたいです。何と言いますか。

F: 1　お菓子を食べたらどうですか。

2　とてもおいしいですね。

3　食べてもいいですか。

～てもいいですか：（そうしていいかどうかを聞くときに使う）可以……吗？

もんだい4

れい　1　N4_2_29

M：おみやげのお菓子です。ひとつどうぞ。

F：1　わあ、いただきます。

　　2　いえ、どういたしまして。

　　3　たくさん食べてくださいね。

1ばん　2　N4_2_30

F：昨日、赤ちゃんが生まれたそうですね。

M：1　おめでとうございます。

　　2　はい、おかげさまで。

　　3　えっ、本当ですか。

おかげさまで：托您的福

2ばん　2　N4_2_31

F：明日はどこで待ち合わせしようか。

M：1　10時に会いましょう。

　　2　デパートの前はどうですか。

　　3　明日はお母さんと会うつもりです。

どこで→デパートの前で

1　何時に→10時に

3　だれと→お母さんと

□待ち合わせ：会面，碰头

3ばん　3　N4_2_32

F：何を召し上がりますか。

M：1　山田太郎と申します。

　　2　教室にいらっしゃいますよ。

　　3　コーヒーとケーキをお願いします。

召し上がる：“食べる／飲む”的敬语。

4ばん　1　N4_2_33

M：お客様、申し訳ありませんが、今日は予約がいっぱいなんです。

F：1　そうですか、残念ですね。

　　2　いっぱいごはんを食べようと思います。

　　3　私が予約をしておきました。

予約がいっぱい＝予約ができない：预约已满，无法预约

覚えよう

□いっぱい：满满的

□残念：遗憾，可惜

5ばん　3　N4_2_34

M：今度一緒に遊びに行こうよ。

F：1　一度遊んだことがあるよ。

　　2　遊んだかどうかわからないよ。

　　3　いいね、いつがいいかな？

6ばん　1　　N4_2_35

M：ここには座らないでください。

F：1　あ、すみません。

2　座っても、大丈夫です。

3　ううん、気にしないで。

3　気にしないで：别在意

7ばん　2　　N4_2_36

F：この料理はどうやって作るんですか。

M：1　私のお母さんです。

2　野菜を切って、玉子と一緒に焼くだけです。

3　みんなが好きな料理だからです。

どうやって：怎样，如何

8ばん　3　　N4_2_37

M：いつから留学するつもりですか。

F：1　東京の大学に留学しようと思っています。

2　日本語が上手になりたいからです。

3　来年の春からです。

いつから：从什么时候开始

第3回　解答・解説

第3套模拟试题答案及解析

ごうかくもし　かいとうようし

N4 げんごちしき（もじ・ごい）

正答（せいとう） 答案

じゅけんばんごう Examinee Registration Number		なまえ Name	

〈ちゅうい　Notes〉

1. くろいえんぴつ（HB、No.2）でかいてください。
   Use a black medium soft (HB or No.2) pencil.
   （ペンやボールペンではかかないでください。）
   (Do not use any kind of pen.)
2. かきなおすときは、けしゴムできれいにけしてください。
   Erase any unintended marks completely.
3. きたなくしたり、おったりしないでください。
   Do not soil or bend this sheet.
4. マークれい Marking Examples

よいれい Correct Example	わるいれい Incorrect Examples
●	⊘ ✓ ○ ◎ ⊜ ⦶ ●

もんだい1				
1	①	●	③	④
2	①	②	③	●
3	①	②	③	●
4	①	●	③	④
5	●	②	③	④
6	①	②	③	●
7	①	②	③	●
8	●	②	③	④
9	①	②	●	④

もんだい2				
10	●	②	③	④
11	①	●	③	④
12	①	●	③	④
13	①	●	③	④
14	①	②	●	④
15	①	●	③	④

もんだい3				
16	●	②	③	④
17	①	②	③	●
18	①	●	③	④
19	①	②	③	●
20	①	②	●	④
21	①	②	③	●
22	①	●	③	④
23	●	②	③	④
24	①	②	③	●
25	●	②	③	④

もんだい4				
26	①	●	③	④
27	●	②	③	④
28	①	②	③	●
29	①	②	●	④
30	①	②	●	④

もんだい5				
31	●	②	③	④
32	①	●	③	④
33	①	②	③	●
34	①	●	③	④
35	●	②	③	④

ごうかくもし　かいとうようし

N4 げんごちしき(ぶんぽう)・どっかい

正答(せいとう)　答案

じゅけんばんごう Examinee Registration Number		なまえ Name	

〈ちゅうい　Notes〉

1. くろいえんぴつ (HB、No.2) でかいてください。
   Use a black medium soft (HB or No.2) pencil.
   (ペンやボールペンではかかないでください。)
   (Do not use any kind of pen.)
2. かきなおすときは、けしゴムできれいにけしてください。
   Erase any unintended marks completely.
3. きたなくしたり、おったりしないでください。
   Do not soil or bend this sheet.
4. マークれい Marking Examples

よいれい Correct Example	わるいれい Incorrect Examples
●	⊗ ✓ ○ ◎ ⊜ ⦶ (gray)

もんだい1

1	①	②	③	●
2	①	②	③	●
3	●	②	③	④
4	①	②	③	●
5	●	②	③	④
6	①	●	③	④
7	①	②	●	④
8	①	②	●	④
9	①	②	●	④
10	①	●	③	④
11	①	●	③	④
12	①	●	③	④
13	①	②	●	④
14	①	●	③	④
15	●	②	③	④

もんだい2

16	●	②	③	④
17	①	②	③	●
18	●	②	③	④
19	①	②	●	④
20	①	●	③	④

もんだい3

21	●	②	③	④
22	①	②	③	●
23	①	②	●	④
24	①	②	●	④
25	①	●	③	④

もんだい4

26	①	●	③	④
27	●	②	③	④
28	●	②	③	④
29	①	②	●	④

もんだい5

30	①	●	③	④
31	①	②	●	④
32	①	②	③	●
33	●	②	③	④

もんだい6

34	●	②	③	④
35	①	●	③	④

ごうかくもし　かいとうようし

N4 ちょうかい

正答（せいとう）　答案

じゅけんばんごう Examinee Registration Number		なまえ Name	

〈ちゅうい　Notes〉

1. くろいえんぴつ（HB、No.2）でかいてください。
   Use a black medium soft (HB or No.2) pencil.
   （ペンやボールペンではかかないでください。）
   (Do not use any kind of pen.)
2. かきなおすときは、けしゴムできれいにけしてください。
   Erase any unintended marks completely.
3. きたなくしたり、おったりしないでください。
   Do not soil or bend this sheet.
4. マークれい Marking Examples

よいれい Correct Example	わるいれい Incorrect Examples
●	⊗ ✓ ○ ◎ ⊜ ⦶ ●

もんだい1

れい	①	②	③	●
1	①	②	③	●
2	①	②	③	●
3	①	②	●	④
4	①	②	●	④
5	①	②	③	●
6	●	②	③	④
7	①	②	③	●
8	①	●	③	④

もんだい2

れい	①	②	③	●
1	①	●	③	④
2	①	②	●	④
3	①	②	●	④
4	①	②	③	●
5	●	②	③	④
6	①	●	③	④
7	●	②	③	④

もんだい3

れい	●	②	③
1	①	●	③
2	①	●	③
3	●	②	③
4	①	②	●
5	①	②	●

もんだい4

れい	●	②	③
1	●	②	③
2	①	●	③
3	①	●	③
4	①	②	●
5	●	②	③
6	①	②	●
7	●	②	③
8	①	②	●

採点表 评分表

		配点 分数分配	正答数 正答数	点数 得分
もじ・ごい	もんだい1	1点×9問	／ 9	／ 9
	もんだい2	1点×6問	／ 6	／ 6
	もんだい3	1点×10問	／10	／10
	もんだい4	1点×5問	／ 5	／ 5
	もんだい5	1点×5問	／ 5	／ 5
ぶんぽう	もんだい1	1点×15問	／15	／15
	もんだい2	2点×5問	／ 5	／10
	もんだい3	2点×5問	／ 5	／10
どっかい	もんだい4	5点×4問	／ 4	／20
	もんだい5	5点×4問	／ 4	／20
	もんだい6	5点×2問	／ 2	／10
	ごうけい	120点		／120

		配点	正答数	点数
ちょうかい	もんだい1	3点×8問	／ 8	／24
	もんだい2	2点×7問	／ 7	／14
	もんだい3	3点×5問	／ 5	／15
	もんだい4	1点×8問	／ 8	／ 8
	ごうけい	61点		／61

按满分60分进行折算：

［　　］点 ÷ 61 × 60 ＝［　　］点

※本评分表是由本书作者根据试题难易程度而制作的。

解説　解析

言語知識（文字・語彙）

もんだい1

1　2 つき

着く：到达

1 泣く：哭，哭泣

3 届く：送达，收到

4 聞く：听

2　4 し

死ぬ：死

3　4 ぎゅうにく

牛肉：牛肉

1 鶏肉：鸡肉

2 豚肉：猪肉

4　2 りょかん

旅館：日式旅馆

1 ホテル：酒店

5　1 そら

空：天空

2 星：星星

3 月：月亮

6　4 た

足りる：足够

7　4 しあい

試合：比赛

2 試験：考试

8　1 すいて

空く：空，空闲

2 泣く：哭，哭泣

3 聞く：听

4 咲く：花开，绽放

9　3 ふく

服：衣服

1 靴：鞋子

4 雨：雨

もんだい2

10　1 広い

広い：宽敞的

2 長い：长的

3 狭い：狭窄的

4 細い：细的，细小的

11　2 歌って

歌う：唱歌

1 踊る：跳舞

3 笑う：笑

4 怒る：生气，发怒

12　2 困って

困る：为难，难办

13　2 別れ

別れる：分别，分开

1 集まる：聚集，集合

3 急ぐ：加快，赶紧

4 回る：转，旋转

14　3 特に

特に：特别

15　2 紹介

紹介：介绍

1 招待：招待

もんだい3

16　1 むり

無理：办不到

2 上手：擅长，拿手

3 好き：喜欢

4 きらい：讨厌

17　4 におい

匂い：气味

1 声：声音

2 味：味道

3 色：颜色

18　2 おくれて

遅れる：迟，迟到

1 忘れる：忘记

3 間に合う：赶得上，来得及

4 参加する：参加

19　4 びっくり

びっくり：吃惊

1 はっきり：清楚，明确

2 そっくり：一模一样

3 しっかり：坚挺，牢固

20　3 なかなか

なかなか…ない：难以……

1 少々：稍微

2 やっと：终于

4 無理に：勉强

21　4 いがい

以外：以外

1 以内：以内

2 以下：以下

3 以上：……以上

22　2 こうつう

交通：交通

1 道路：道路

3 空港：机场

4 駅：车站

23　1 じゅんび

準備：准备

2 連絡：联系

3 案内：向导，陪同游览

4 返事：回信，回话

24　4 うで

うで：手臂

1 かお：脸

2 のど：喉咙

3 はな：鼻子

25　1 めずらしい

めずらしい：罕见的，珍贵的

2 めったに…ない：几乎不……

3 難しい：难的

4 少ない：少的

もんだい4

26 **2 なまえを　かかなくても　いいです。**

必要(ひつよう):必要，需要

27 **1 この　へやは　さむいですね。**

冷(ひ)える:冷，觉得冷

寒(さむ)い:冷的，寒冷的

2 暖(あたた)かい:暖的，温暖的

3 明(あか)るい:明亮的

4 暗(くら)い:昏暗的，黑暗的

28 **4 わたしは　けっこんして　いません。**

独身(どくしん):单身

29 **3 きょうしつに　たくさん　人(ひと)が　います。**

おおぜい＝たくさん:很多，大量

1 何人(なんにん)かいる:有几个人

2 だれもいない:一个人也没有

4 まあまあいる:有一些人

30 **3 おとうとは　とても　うれしかったです。**

よろこぶ＝うれしい:高兴，愉快

1 楽(たの)しい:开心的

2 はずかしい:羞耻的，丢脸的

4 かなしい:伤心的，难过的

もんだい5

31 **1　いい　てんきだった　ので、せんたくものが　よく　かわきました。**

かわく:干，干燥

2 昼(ひる)ごはんを食(た)べなかったので、おなかが空(す)きました。／因为没有吃早饭，所以肚子饿了。

空(す)く:空

4 テニスをしたので、体(からだ)が疲(つか)れました。／因为打网球，所以身体疲惫。

疲(つか)れる:累，疲惫

32 **2 しょうらいは　おかねもちに　なりたいです。**

将来(しょうらい):将来

1 この犬(いぬ)はこれから大(おお)きくなります。／这个狗今后会长大的。

33 **4 りっぱな　スピーチでしたね。**

りっぱ:出色，优秀

1 もっときれいにそうじしてください。／请打扫得更干净些。

3 大変(たいへん)だと思(おも)いますが、がんばってください。／虽然我觉得很困难，但请加油。

34 **2 先生(せんせい)が　テストの　もんだいようしを　くばります。**

くばる:分配，分发

1 花(はな)に水(みず)をやります。／给花浇水。

3 コーヒーにさとうを入(い)れます。／往咖啡里加糖。

4 お母(かあ)さんは赤(あか)ちゃんにミルクを飲(の)ませます。／母亲让婴儿喝牛奶。

35 **1 やっと　ゆきが　やみました。**

やむ:(雨，雪，风)停止

2 好(す)きだった先生(せんせい)が辞(や)めました。／喜欢的老师辞职了。

辞(や)める:辞职

3 学校(がっこう)の前(まえ)で車(くるま)が止(と)まっています。／车子停在了学校的前面。

4 子(こ)どもが泣(な)いていましたが、止(と)まりました。／孩子一直哭来着，但已经不哭了。

止(と)まる:停止

言語知識（文法）

もんだい1

1　4 が

母が料理をするのを手伝います。

修饰成分中的主语用“が”表示而不用“は”。

れい　父が日本に来るのを楽しみにしています。／我一直期待父亲来日本。

2　4 いいし

～し…も：表示强调。

れい　中村先生はやさしいし、授業もおもしろい。／中村老师又温柔，讲课又有趣。

3　1 ところ

動詞辞書形（动词辞书形）+ところ：正要做……

れい　これから、シャワーを浴びるところです。／现在正要去洗澡。

※～ているところ：正在做……

れい　いま、シャワーを浴びているところです。／现在正在洗澡。

4　4 に

に気がつく／気づく：发觉，注意到

5　1 書きかた

動詞ます形（动词ます形）＋かた：……的方法

れい　使いかた／使用方法　やりかた／做法

6　2 に

～ときに：……的时候

れい　旅行のときにおみやげをたくさん買いました。／旅行的时候买了很多土特产。

7　3 ひまだ

普通形（简体）＋そうだ：表示传闻。

れい　天気予報によると、あした台風が来るそうだ。／据天气预报说，明天有台风。

※“な形容词”使用“な形容词+だ”的形式。

れい　中村さんが住んでいる町はとても静かだそうだ。／据说中村住的城镇很安静。

8　3 ばかり

～たばかり：刚刚……

れい　ごはんを食べたばかりだから、おなかがいっぱいだ。／因为刚吃完饭，所以肚子很饱。

9　3 の

赤いの＝赤いぼうし

の：可以代替名词使用。

10　2 かるくて

～て：表示并列

れい　このお店の料理は安くておいしいです。／这个店的饭菜便宜又好吃。

11　2 あくでしょう

～でしょう：大概是……吧

れい　あしたは雨が降るでしょう。／明天大概会下雨吧。

12　2 ねませんでした

～しか…ない：仅……

れい　晩ごはんはパン1つしか食べませんでした。／晚饭只吃了1个面包。

13　3 しかられない

しかられる：“しかる”的被动形。

14　2 休ませてください

～させてください：请让我……

れい　この仕事をぜひやらせてください。／这个工作请一定让我做。

15　1 さびしくなくなりました

～なくなる：变得不……

れい　足をけがして、サッカーができなくなった。／脚受伤了，不能踢足球了。

もんだい2

16　1

毎日カレーを　2食べさせられて　1ばかり　3で　4いや　になります。

～てばかり：（何回も…）总是……，老是……

食べさせられる：“食べる”的使役被动形。

17　4

両親に　1反対　3されても　4留学　2するつもりです。

～ても：即使……

～つもり：打算……

18　1

前はきらいだったけれど、2バナナが　4食べられる　1ように　3なった。

～ようになる：（変化を表す）变得……

19　3

料理が　3上手な　2姉が　4作った　1ケーキ　です。食べてみてください。

20　2

部長が　3好きな　1お酒を　2さしあげる　4ことに　しました。

さしあげる：给

～ことにする：（そうすると決める）决定……

もんだい3

21　1 には

［場所］に［もの］がある

れい　机の上に本がある。／桌子上有书。

※［場所］に［人・動物］がいる

れい　木の上に鳥がいる。／树上有鸟儿。

22　4 建てられました

足利義満という人によって建てられた＝足利義満という人が建てた

“によって”的后面使用动词的被动形。

れい　『源氏物語』は、紫式部という人によって書かれました。／《源氏物语》是由紫式部撰写的。

23　3 も

～も：也……

れい　田中さんは大学生です。中村さんも大学生です。／田中是大学生。中村也是大学生。

24　3 写真を撮っていただけませんか

～ていただけませんか：能否请你……

25　2 いつか

いつか：总有一天

1 どこか：某处

3 だれか：某人

4 どれか：某一个

読解

もんだい4

(1) 26 2

お掃除ボランティアのみなさんへ

毎週土曜日にやっている、町のお掃除ボランティアですが、1 いつも集まっている公園が工事で、使えません。そこで、来週から、2 集まる場所を公園ではなく、駅前の駐車場にすることにしました。3 時間はいつもと同じです。朝9時に、ごみ袋を持って駐車場に来てください。4 何かわからないことがあったら、田中さんに連絡してください。

1　工事をすることは一番伝えたいことではない。

公园施工并不是这则通知最想传达的。

2　○

3　集まる時間は変わっていない。

集合时间没有变。

4　わからないことがあるときだけ、田中さんに連絡する。

只在有不明白的事情时才联系田中。

覚えよう

□ボランティア：志愿者　　□ごみ袋：垃圾袋
□集まる：集合　　□連絡〈する〉：联系
□工事：施工

(2) 27 1

お酒は体によくないから、飲まないという人がいます。しかし、2 お酒を飲むと、気分がよくなり、ストレスを減らすことができるという人もいます。ただし、3 毎日お酒を飲み続けたり、4 一回にたくさんのお酒を飲んだりするのはやめましょう。また、何も食べないで、お酒だけを飲む飲み方も、体にはよくないので、注意してください。

2　「ストレスを減らしながら、お酒を飲む」はお酒の飲み方ではない。

“一边减轻压力一边喝酒”不是喝酒的好方式。

3　「毎日お酒を飲み続ける」はよくない飲み方

“每天持续喝酒”是不好的喝酒方式

4　「一回にたくさんのお酒を飲む」はよくない飲み方

“一次喝很多酒”是不好的喝酒方式

覚えよう

□気分：心情，情绪　　□注意〈する〉：注意
□ストレス：压力
□減らす：减少，减轻
□ただし：但是
□飲み続ける：不停地喝

(3) 28 1

山川さんへ

今日、会議をする部屋はせますぎるので、1 もう少し大きい部屋に変えてもらえますか。

2 会議で使うパソコンは、私が用意しておきます。

3 田中くんが資料をコピーするのを手伝ってくれました。4 資料は机の上に置いておきます。

今日の会議は長くなりそうですが、がんばりましょう。

上田

1 ○

2 上田さんがパソコンを用意する。

上田准备电脑。

3 コピーを手伝ったのは田中くん

帮忙复印的是田中

4 上田さんが資料を机の上に置いた。

上田把资料放在了桌子上。

覚えよう

□会議：会议
□もう少し：再稍微
□変える：改变，变更
□用意：准备
□資料：资料
□手伝う：帮忙

(4) 29 3

私は、先月から動物園のアルバイトを始めました。仕事は、1 動物園に来るお客さんを案内したり、2 お客さんに動物について説明したりすることです。子どもたちには、動物のことがいろいろわかるように、3 動物の絵や写真を見せながら、4 わかりやすく話すようにしています。毎日忙しいですが、かわいい動物に会えて、とても楽しいです。

1 この人の仕事

是这个人的工作

2 この人の仕事

是这个人的工作

3 動物の絵や写真をあげるのではなく、見せることがこの人の仕事

这个人的工作不是送动物的图片或照片给孩子，而是展示给孩子看

4 この人の仕事

是这个人的工作

覚えよう

□アルバイト：打工，兼职
□始める：开始
□案内〈する〉：向导，陪同游览
□説明〈する〉：说明
□見せる：让……看
□わかりやすく話す：说得简单易懂

もんだい5

30 2　**31** 3　**32** 4　**33** 1

日本人は、だれかの話を聞いているあいだ、たくさんあいづちを打つ。あいづちを打つとは、何回も「うん、うん」や「へー」、「そうですね」と言ったり、頭を上下にふったりすることだ。**32** あいづちは、「あなたの話を聞いていますよ」、「どうぞ、話を続けてください」ということを伝えるためのものである。

しかし、外国では、人の話を聞くときは、相手の目を見て、話し終わるまで、何も言わないほうがいいと考える文化もある。もし、その人と日本人が話すことがあったら、話している外国人には、**30** 話を聞いている日本人が「うん、うん」、「はい、はい」などのことばを言い続けるので、①うるさいと思う人もいるだろう。反対に、**31** 日本人は話をしているとき、外国人があいづちを打たないので、②不安に思ってしまうことが多いのではないかと思う。

文化が違うと、コミュニケーションの方法も違う。だから、日本人と外国人では、**33**「(　　　　　)」ということを伝える方法が違うことを理解して、コミュニケーションのやりかたを考えたほうがいい。そうすれば、あいづちを打っても、打たなくても、気持ちよくコミュニケーションができるはずである。

覚えよう

- □あいづちを打つ：帮腔，随声附和
- □上下にふる：上下摆动
- □反対に：相反
- □不安：不安，担心
- □コミュニケーション：沟通，交流
- □方法：方法，方式
- □理解〈する〉：理解
- □～はず：应该……

32 日本人はあいづちを打つことで、「あなたの話を聞いていますよ」ということを伝えるが、外国人は相手の目を見て話を聞く。

日本人随声附和是想传达“我在听你说话哟”，但是外国人听对方说话是看着对方的眼睛。

30「うん、うん」、「はい、はい」などのことばを言い続ける＝たくさんあいづちを打つ

一直说“嗯，嗯”“是，是”等＝频繁随声附和

31 外国人はあいづちを打たないので、日本人にとっては「あなたの話を聞いていますよ」という［サイン（暗示）］がない。

因为外国人不随声附和，所以对日本人来说，没有“我在听你说话哟”这样的暗示。

33 気持ちいいコミュニケーションのためには、相手のコミュニケーションの方法を理解することが大切

为了心情愉快地交流，理解对方的交流方式很重要

もんだい6

34 1　**35** 2

いらない自転車をさしあげます！

A

1年前に12,000円で買いましたが、買った値段から50%安くして、ほしい人にあげます。あまり使わなかったので、とてもきれいで、壊れているところもありません。

34 月曜日、火曜日、金曜日は授業とアルバイトがあるので、電話に出られないと思います。それ以外の日に電話してください。できれば午後がいいです。家まで無料で届けに行きます。

前田：090-0000-0000

B

車を買ったので、自転車がいらなくなりました。高校のとき、3年間使いました。少し壊れているところがありますが、直せばすぐに乗れます。35 値段は7,000円ですが、家まで取りに来てくれるなら、2,000円安くします。家は大学から歩いて5分くらいのところにあります。

34 月曜日から金曜日までは授業で忙しいので、電話に出られません。ほしい人は必ず土日に電話してください。

中山：044-455-6666

C

古い自転車をただであげます。かなり古いので、自転車のお店で直してもらわなければいけないと思います。お店の人に聞いたら、直すのに5,000円くらいかかると言われました。家まで自転車を届けるので、1,000円お願いします。

質問がある人は、何でも聞いてください。34 午後はアルバイトがあるので電話に出られませんが、午前中ならいつでも大丈夫です。

トム：090-1111-1111

34 木曜日の午後は電話に出られる。

前田周四下午能接电话。

35 家に取りに行けば、5,000円払えばいい。

如果自己上门取的话，付5000日元即可。

A：12,000円×50％＝6,000円

12000日元×50%=6000日元

C：5,000円＋1,000円（送料）＝6,000円

5000日元+1000日元(运费)=6000日元

34 平日は電話に出られない。

中山工作日不能接电话。

34 午後は電話に出られない。

汤姆下午不能接电话。

□値段：价格，价钱
□壊れる：坏
□電話に出る：接电话
□以外：以外
□無料：免费
□届ける：送达
□直す：修理
□ただ：免费
□かなり：相当

聴解

もんだい1

れい　4　　N4_3_03

女の人と男の人が電話で話しています。女の人はこのあとまず何をしますか。

F：もしもし。今、駅前の郵便局の前にいるんだけど、ここからどうやって行けばいいかな？

M：郵便局か。そこから大きな茶色いビルは見える？

F：うん、見えるよ。

M：信号を渡って、そのビルの方へ歩いてきて。ビルの横の道を2分くらい歩くとコンビニがあるから、その前で待っていて。そこまで迎えに行くよ。

F：うん、わかった。ありがとう。

M：うん、じゃあまたあとで。

女の人はこのあとまず何をしますか。

1ばん　4　　N4_3_04

娘が父に電話をしています。父はまず何をしなければなりませんか。

F：もしもし、お父さん、まだ家にいる？

M：今から出かけるところだよ。

F：間に合ってよかった。机の上に手紙が置いてあるんだけど、郵便局に行って手紙を出してくれない？

M：手紙だね。いいよ。

まだ出かけていない。
父亲还没有出门。

F：あと、帰りに牛乳を買ってきて。

M：うん、わかった。

F：出かけるときはちゃんと電気を消しておいてね。お父さんが出かけるとき、いつも電気がついたままなんだから。

M：わかった、わかった。

父はまず何をしなければなりませんか。

電気を消してから出かける。

女儿嘱咐父亲：关灯之后再出门。

電気を消す→出かける→郵便局に行く→牛乳を買う

关灯→出门→去邮局→买牛奶

覚えよう

□間に合う：赶得上，来得及

2ばん　4

N4_3_05

女の人と男の人が話しています。女の人はまず何をしますか。

F：田中さん、お菓子を買ってきたので、一緒に食べませんか。

M：ああ、ぼくはあとでいただくよ。今、ちょっと忙しくて…。

F：何かお手伝いしましょうか。

M：頼むよ。2 今この書類をコピーしているから、終わったら、書類を袋に一枚ずつ入れていってほしいんだ。

F：わかりました。

M：あ、4 袋に入れる前に、ちゃんと相手の名前が書いてあるか確認して。袋に入れてからだと、やりにくいから。

F：はい。

女の人はまず何をしますか。

2　コピーしているのが男の人

复印文件的是男士

4　袋に名前が書いてあるかを確認してから、書類を袋に入れる。

确认好在袋子上写好姓名后，再把文件装入袋子里。

覚えよう

□手伝う：帮忙

□頼む：拜托，恳求

□書類：文件，资料

□一枚ずつ：一张一张地

□確認〈する〉：确认

3ばん　3　　N4_3_06

郵便局で男の人と郵便局の人が話しています。男の人はいくら払いますか。

M：すみません、この荷物を北海道までお願いします。

F：かしこまりました。1 北海道まで1,500円です。

M：あ、今日送ったら、北海道にいつ届きますか。

F：北海道なら、1 3日後に届きます。

M：あのう、できれば早く届けたいんですが、できますか。

F：3 明日届くサービスは2,000円、2 2日後に届くサービスは1,800円です。

M：じゃあ、一番早く届くサービスをお願いします。

F：かしこまりました。

男の人はいくら払いますか。

1　1,500円：3日かかる

1500日元：需要花费3天时间

2　1,800円：2日かかる

1800日元：需要花费2天时间

3　2,000円：1日かかる○

2000日元：需要花费1天时间

覚えよう

□払う：支付
□届く：送达，送到
□届ける：送达，送到
□サービス：服务

4ばん　3　　N4_3_07

学校で、先生がテストについて話しています。テストでは、何をしてはいけませんか。

M：明日は、301の教室でテストをします。いつもの教室ではありませんから、注意してください。301の教室には時計がありませんから、みなさん、自分で時計を持ってきてくださいね。テストは必ずえんぴつで書いてください。ボールペンは使わないでください。ノート、教科書、携帯電話は必ずかばんの中に入れて、かばんは教室の後ろのテーブルに置いてください。

テストでは、何をしてはいけませんか。

ボールペンで書いてはいけない。

不能用圆珠笔书写。

覚えよう

□注意〈する〉:注意　□教科書:教科书
□必ず:一定

5ばん　4

N4_3_08

女の人と男の人が旅行の準備をしています。女の人は、ほかに何を入れますか。

F：えっと、カメラは入れた。下着、靴下も入れた。これで準備は終わったかな。

M：アセーターも持っていったほうがいいんじゃない？夏だけど、山の上に行くんだから。

F：アうん、もう入れたよ。

M：山の上は寒いかもしれないから、イ手袋も持っていったほうがいいかな。

F：イそこまではいらないんじゃない？

M：じゃあ帽子は持っていこう。山の中を歩くから、歩きやすい靴もいると思うよ。

F：そうだね。わかった。

女の人は、ほかに何を入れますか。

ア　セーターはもう入れた。
毛衣也放进去了。

イ　手袋は必要ないので入れなくてもいい
手套不是必须的，可以不放进去。

入れるのは帽子と靴だけ
放进去的只有帽子和鞋子

覚えよう

□準備:准备　□手袋:手套
□下着:内衣，贴身衣物　□いる:需要

6ばん　1

N4_3_09

デパートで女の店員と男の人が話しています。男の人は、どれを選びますか。

F：いらっしゃいませ。何をお探しでしょうか。

第3回　文字・語彙　文法　読解　聴解

M：母の誕生日にハンカチをプレゼントしようと思っているんですけど、どれにするか迷っているんです。

F：ではこちらはどうですか。シンプルですが、細いリボンがおしゃれですよ。

M：うーん、こういうの、もう持ってるかもしれないな。

F：ではこの花の絵のハンカチはどうですか。かわいくて人気がありますよ。

M：うーん、ちょっとかわいすぎるな。

F：そうですか。ではこちらはどうでしょう。大きいリボンがついています。

M：うーん、色がちょっと…。やっぱり最初のにします。

F：かしこまりました。ありがとうございます。

男の人は、どれを選びますか。

店員が最初に紹介したのは、シンプルで細いリボンがついているハンカチ

店员最先介绍的是样式简单且附着细丝带的手帕

覚えよう

□探す：找，寻找	□リボン：丝带，缎带
□誕生日：生日	□おしゃれ：时髦，时尚
□プレゼント：礼物	□人気：受欢迎
□迷う：犹豫，拿不定主意	□最初：最初，最先
□シンプル：简单的，朴素的	

7ばん　4　　N4_3_10

学校で女の学生と先生が話しています。女の学生はだれから本をもらいますか。

F：あのう、先生。先生が授業で「この本はおもしろいから読んだほうがいい」とおっしゃっていた本を貸していただけないでしょうか。

M：ああ、あの本ね。図書館にはなかった？

F：はい。図書館の人に聞きました。その本は、ほかの学生が借りているそうです。

M：そうですか。実は少し前に林くんにその本を貸したところなんだ。

F：そうなんですか。

M：林くんが読み終わったら、君に渡すように伝えておきますね。

F：はい、ありがとうございます。

女の学生はだれから本をもらいますか。

林くんが本を読み終わったら、直接女の学生に渡す。

小林读完那本书后直接交给女学生。

えよう

□おっしゃる：说（"言う"的尊敬语）
□渡す：交给
□読み終わる：阅读完毕
□伝える：传达，告诉
□君：你

8ばん　2　　N4_3_11

男の人が話しています。車をどこに止めますか。

M：お客様にお知らせします。今日は、花火大会があるので、スーパーの駐車場は使えません。特別駐車場は、橋の下にございます。ご近所の方の迷惑になりますので、小学校の前や道にも止めないでください。よろしくお願いします。

車をどこに止めますか。

スーパーの駐車場、小学校の前、道に車を止めてはいけないので、橋の下にある特別駐車場に車を止める。

因为禁止将车停在超市的停车场、小学前面、马路上，所以将车停在桥下的特别停车场。

覚えよう

□止める：停
□特別：特别
□知らせる：通知
□近所の方：附近的居民
□花火大会：烟花大会
□迷惑：麻烦，打扰
□駐車場：停车场

もんだい2

れい　4　N4_3_13

女の人と男の人が話しています。女の人は、結婚式で何を着ますか。

F：明日の友だちの結婚式、楽しみだな。

M：そうだね。何を着るか決めたの？

F：本当は着物を着たいんだけど、一人じゃ着られないし、動きにくいんだよね。

M：そうだね。

F：それで、このピンクのドレスにしようと思ってるんだけど、どうかな。

M：うーん、これだけだと寒いと思うよ。

F：そうかな。じゃあ、この黒いドレスはどう？　これは寒くないよね。

M：そうだけど、短すぎない？

F：そう？　短いほうがおしゃれでしょう。決めた。これにする。

女の人は、結婚式で何を着ますか。

1ばん　2　N4_3_14

女の人と男の人が電話で話しています。男の人は何時に家に帰りますか。

F：もしもし。今日は何時くらいに家に帰れる？

M：まだわからないよ。今から5時半まで会議をして、それから、書類をチェックしないといけないんだ。それをするのに、1時間くらいかかると思う。

F：そうなんだ。実は朝からずっと頭が痛くて…。一緒に病院に行ってほしいんだ。

M：大丈夫？　会議は休めないけど、書類チェックは明日やればいいから、会議が終わったらすぐ帰るよ。

今日は書類をチェックしないで、会議が終わったら家に帰る。

今天不用核对文件,会议结束后就回家。

5時半＝5時30分

F：ありがとう。

M：電車で帰るから30分はかかると思う。病院に行く準備をしておいて。

F：うん、わかった。

男の人は何時に家に帰りますか。

□書類：文件，资料　　□～てほしい：希望……
□チェック：检查，核对　　□準備：准备
□ずっと：一直，始终

2ばん　3　　N4_3_15

女の人と男の人が話しています。男の人はどうしてごはんを食べませんか。

F：あれ？　ぜんぜん食べてないけど、どうしたの？　おいしくない？

M：いや、おいしいよ。

F：じゃあ、お腹が痛いとか？

M：そんなことないよ。でもカレーはちょっと…。今日のお昼にカレーを食べたばかりだから。

F：そっか。病気かもしれないと思って、心配したよ。

男の人はどうしてごはんを食べませんか。

～たばかり：刚刚……

だから：表示原因、理由。

覚えよう

□ぜんぜん：完全，丝毫　　□心配〈する〉：担心

3ばん　3　　N4_3_16

男の人と女の人がバーベキューの準備をしています。二人は何を持っていくことにしましたか。

M：えっと、1 バーベキューのお肉は、確か田中くんが買ってきてくれるんだよね。

F：うん。今日は暑くなりそうだから、たくさん飲み物を持っていったほうがいいよね。

M：うん。2 でも飲み物は冷たいほうがいいから、バーベキュー場で買おうよ。

F：そっか。それなら重くないし、便利だし、そっちのほうがいいよね。3 あ、たくさん汗をかくから、タオルもたくさん持っていこう。

M：そうだね。バーベキューのとき、いすがあると便利だと思うんだけど、持っていく？

F：それは、4 向こうで貸してくれるから、いらないよ。

二人は何を持っていくことにしましたか。

1　田中くんはお肉を買う。

田中买肉。

2　バーベキュー場で飲み物を買う。

在烧烤的地方买饮料。

3　○

4　バーベキュー場でいすを借りる。

在烧烤的地方借椅子。

覚えよう

□バーベキュー：户外烧烤
□準備：准备
□確か：似乎，大概
□冷たい：冰的，凉的
□バーベキュー場：户外烧烤场
□汗をかく：出汗
□タオル：毛巾

4ばん　4　　N4_3_17

男の人と女の人が話しています。女の人がカラオケでアルバイトを始めたのはどうしてですか。

M：加藤さん、アルバイトを始めたんだって？

F：うん。カラオケでアルバイトしてるよ。

M：確か山田さんも同じお店でアルバイトしてるよね？

F：うん。でも山田さんは先月やめちゃったんだ。

M：えー、そうなんだ。アルバイトは忙しい？

F：ううん、あまり忙しくない。お店の人はみんなやさしくて、おもしろいよ。

M：そうなんだ。

F：私、音楽が好きだから、ずっと音楽が聞こえるところでアルバイトしたいと思ってた。だから、とても楽しいよ。

女の人がカラオケでアルバイトを始めたのは**どうして**ですか。

カラオケでアルバイトをすれば、ずっと音楽が聞こえる。

在卡拉 OK 做兼职的话，能一直听到音乐。

だから：表示原因、理由。

覚えよう

□カラオケ：卡拉OK

□アルバイト：打工，兼职

□始める：开始

□確か：似乎，大概

□やめる：停止

□音楽：音乐

□聞こえる：听得到，能听见

5ばん　1　N4_3_18

女の子と男の子が話しています。**どうして**男の子はお母さんにゲームをとられましたか。

F：どうしたの？　元気がないね。

M：うん。お母さんにゲームをとられたんだ。

F：え？　どうして？

M：ゲームをやりすぎているから、ゲームはするなって言われた。

F：そうか。

M：今度のテストで100点を取ったら、ゲームを返してくれるんだ。

F：じゃあ、いっしょうけんめい勉強しないといけないね。

どうして男の子はお母さんにゲームをとられましたか。

やりすぎる：做过头了

するな＝してはいけない：禁止，不允许

□100点を取る：考100分

□いっしょうけんめい：拼命，努力

6ばん　2　　N4_3_19

男の人と女の人が話しています。今、女の人の家に**何人**住んでいますか。

M：山田さんって何人家族なの？

F：6人家族だよ。両親と兄と姉と弟と私。

M：弟さんは高校生？

F：うん。今は塾に行っていて、毎日夜遅く家に帰ってくる。兄は今海外で働いているから、なかなか日本に帰ってこられないんだ。

M：そうなんだ。じゃあ、お姉さんは？

F：姉は結婚していて、私の家の近くに住んでる。よく子どもを連れて遊びに来るよ。私が家にいるときは、いつも姉の子どもと遊んでいるよ。

今、女の人の家に**何人**住んでいますか。

お兄さんは海外に住んでいる。お姉さんは女の人の家の近くに住んでいる。

哥哥住在国外。姐姐住在女士家附近。

だから、今女の人の家に、お父さん、お母さん、弟さんと女の人の4人が住んでいる。

所以，在女士家住着父亲、母亲、弟弟和女士四个人。

覚えよう

□両親：父母

□塾：补习班

□なかなか：难以

□結婚〈する〉：结婚

□近く：附近

□連れる：带，领

7ばん　1　　N4_3_20

デパートで、女の人と男の人が話しています。二人は誕生日プレゼントに**何を**買いましたか。

F：お母さんの誕生日プレゼント、このネックレスにしない？ このネックレスを見て、ほしいって言ってたんだ。

M：高すぎるよ。ぼくたちあまりお金がないんだから。

F：じゃあ、ハンカチはどう？

M：お母さん、ハンカチはたくさん持ってるよ。ぼくはケーキがいいと思う。みんなで食べられるし。

F：ケーキは私が作るつもりだから、いらないよ。あ、このコップかわいい。これはどう？

M：コップは去年の誕生日にあげたじゃないか。

F：そうだね。うーん、少し高いけど、お母さんがほしがっているものをあげようよ。お母さんきっとよろこぶよ。

M：わかったよ。

二人は誕生日プレゼントに何を買いましたか。

お母さんがほしがっているものはネックレス。少し高いが、お母さんによろこんでもらうために買うことにした。

妈妈想要的东西是项链。虽然有点贵，但是想要妈妈高兴，所以二人决定买。

□誕生日：生日	□～つもり：打算……
□プレゼント：礼物	□いらない：不需要
□ネックレス：项链	□コップ：杯子
□ハンカチ：手帕	□ほしがる：想要

もんだい3

れい　1　N4_3_22

友だちに借りた本にアイスクリームを落としてしまいました。何と言いますか。

F：1　本を汚してしまって、ごめんね。
　2　本が汚れそうで、ごめんね。
　3　本が汚れたみたいで、ごめんね。

1ばん　2　N4_3_23

お店でタバコを吸っている人がいます。注意します。何と言いますか。

F：1　タバコはえんりょします。
　2　タバコはごえんりょください。
　3　タバコをえんりょしないでください。

～ごえんりょください＝～してはいけない：谢绝，不允许

□注意〈する〉：注意
□えんりょ〈する〉：回避，谢绝

2ばん　2　N4_3_24

恋人と結婚したいです。指輪を渡します。何と言いますか。

M：1　彼女と結婚させてください。
　2　ぼくと結婚してくれませんか。
　3　彼女は結婚したがっています。

～てくれませんか：能否请你……

□恋人：恋人
□結婚〈する〉：结婚
□指輪：戒指

3ばん　1　N4_3_25

先生が大きな荷物を運んでいます。手伝おうと思います。何と言いますか。

M：1　荷物をお持ちします。
　2　荷物をお持ちになります。
　3　荷物をお持ちしませんか。

お持ちします：“持ちます”更礼貌的说法。

□運ぶ：搬，搬运
□手伝う：帮忙

4ばん　3　N4_3_26

風が強いです。紙が飛んでしまいそうです。何と言いますか。

F：1　あれ？　窓が閉まったままだった。
　2　あー、紙がたくさん落ちたみたいだ。
　3　ごめん、窓を閉めてくれない？

～てくれない：“～てくれませんか”较随意的说法。

1　～たまま：（状態が続いていること）表示状态的持续

5ばん　3　　N4_3_27

> となりの部屋の人がうるさいです。夜寝られません。何と言いますか。
>
> F：1　いつか静かになるでしょう。
>
> 　　2　少し寝られるようになりました。
>
> 　　3　もう少し静かにしてくれませんか。

～てくれませんか：能否请你……

もんだい4

れい　1　　N4_3_29

> M：おみやげのお菓子です。ひとつどうぞ。
>
> F：1　わあ、いただきます。
>
> 　　2　いえ、どういたしまして。
>
> 　　3　たくさん食べてくださいね。

1ばん　1　　N4_3_30

> F：この薬は一日に何回飲めばいいですか。
>
> M：1　朝と寝る前に飲んでください。
>
> 　　2　水で飲んでください。
>
> 　　3　一人で飲んではいけません。

何回：几次

2ばん　2　　N4_3_31

> F：もしよかったら、もっとお話を聞かせていただけませんか。
>
> M：1　すみません、声が大きすぎましたね。
>
> 　　2　はい、もちろんいいですよ。
>
> 　　3　もっとゆっくり話すようにしてほしいですね。

聞かせていただけませんか：能让我听听吗?

3ばん　2　　N4_3_32

> M：今日の晩ごはん、何にする？
>
> F：1　私が作るね。
>
> 　　2　カレーはどうかな？
>
> 　　3　それがいいね。

～にする：(自分で選んで決めたことを表す) 決定……

4ばん　3　　N4_3_33

> M：あれ、教室に電気がついているよ。
>
> F：1　だれもいないみたいだね。
>
> 　　2　電気をつけてくれてありがとう。
>
> 　　3　田中さんが教室で勉強しているからね。

電気がついている：灯开着

5ばん　1　　🔊 N4_3_34

F: 会議の前に、何をしておいたらいいですか。

M: 1　この資料のコピーをお願いします。

2　会議のあとで、ごはんを食べましょう。

3　会議で説明しようと思います。

～ておく：（ある目的のために、前もって何かをする）事先做……

6ばん　3　　🔊 N4_3_35

F: 子どもの時、親に何をさせられましたか。

M: 1　私はよく、親に怒られました。

2　子どもの時、よく運動をさせました。

3　毎日野菜を食べさせられました。

～させられる：“する”的使役被动形。

7ばん　1　　🔊 N4_3_36

M: 先生はいつ学校にいらっしゃいますか。

F: 1　明日は来ますよ。

2　いつでもいいですよ。

3　いつも忙しそうですね。

いらっしゃる：“来る”更礼貌的说法。

8ばん　3　　🔊 N4_3_37

M: 私の傘、どこに行っちゃったんだろう。

F: 1　私はどこでも行けるよ。

2　買い物に行きたいな。

3　探しても、どこにもないね。

傘はどこに行っちゃったんだろう＝傘が見つからない：找不到伞，不知道伞去哪儿了

N4
げんごちしき（もじ・ごい）
（30ぷん）

ちゅうい
Notes

1. しけんが　はじまるまで、この　もんだいようしを　あけないで　ください。
   Do not open this question booklet until the test begins.

2. この　もんだいようしを　もって　かえる　ことは　できません。
   Do not take this question booklet with you after the test.

3. じゅけんばんごうと　なまえを　したの　らんに、じゅけんひょうと　おなじように　かいて　ください。
   Write your examinee registration number and name clearly in each box below as written on your test voucher.

4. この　もんだいようしは、ぜんぶで　9ページ　あります。
   This question booklet has 9 pages.

5. もんだいには　かいとうばんごうの 1 、 2 、 3 …が　あります。かいとうは、かいとうようしに　ある　おなじ　ばんごうの　ところに　マークして　ください。
   One of the row numbers 1 , 2 , 3 … is given for each question. Mark your answer in the same row of the answer sheet.

じゅけんばんごう　Examinee Registration Number	

なまえ　Name	

もんだい1　＿＿＿の　ことばは　ひらがなで　どう　かきますか。1・2・3・4から　いちばん　いい　ものを　ひとつ　えらんで　ください。

（れい）この　りんごが　とても　甘いです。

1　あかい　　2　あまい　　3　あおい　　4　あらい

（かいとうようし）

（れい）	①　●　③　④

1 この　みせは　品物が　すくないです。

1　ひんもつ　　2　ひんぶつ　　3　しなもの　　4　しなぶつ

2 4月に　日本の　だいがくに　入学します。

1　にゅうがく　　2　にゅうこく　　3　にゅうし　　4　にゅういん

3 でんしゃで　がっこうに　通って　います。

1　つうって　　2　かよって　　3　むかって　　4　とおって

4 日本は　工業の　くにです。

1　こうぎょう　　2　こうぎゅう　　3　ごうぎょう　　4　じょうぎょう

5 バスは　8時に　出発します。

1　しゅっぱつ　　2　しゅっはつ　　3　しゅつはつ　　4　しゅつぱつ

6 けんこうの　ために　まいにち　運動して　います。

1　くんどう　　2　くんとう　　3　うんどう　　4　うんとう

7 まどを　閉めても　いいですか。

1　とめて　　2　きめて　　3　しめて　　4　やめて

8 この　<u>道</u>を　まっすぐ　行って　ください。

1　みち　　2　はし　　3　いえ　　4　くに

9 あした、いっしょに　<u>映画</u>を　見に　行きませんか。

1　えか　　2　えいか　　3　えいが　　4　えりが

もんだい2 ＿＿＿の ことばは どう かきますか。1・2・3・4から いちばん いい ものを ひとつ えらんで ください。

（れい）つくえの うえに ねこが います。

1 上　　2 下　　3 左　　4 右

（かいとうようし）

（れい）	● ② ③ ④

10 友だちに 本を かります。

1 貸ります　　2 借ります　　3 措ります　　4 持ります

11 わたしは おんがくを 聞くのが すきです。

1 楽音　　2 学音　　3 音楽　　4 音学

12 すぐ おわるから、もう すこし まって ください。

1 待って　　2 持って　　3 時って　　4 等って

13 きのう、えきの ちかくで かじが ありました。

1 炎事　　2 火事　　3 家事　　4 事故

14 もうすぐ バスが 来ますよ。いそいで ください。

1 来いで　　2 速いで　　3 急いで　　4 早いで

15 しけんに ごうかくしましたから、きぶんが いいです。

1 気今　　2 気文　　3 気分　　4 気持

第1回

文字・語彙

もんだい３　（　　　）に　なにを　いれますか。１・２・３・４から　いちばん　いい　ものを　ひとつ　えらんで　ください。

（れい）この　おかしは　（　　　）　おいしくないです。

1　とても　　2　すこし　　3　あまり　　4　しょうしょう

（かいとうようし）

（れい）	①　②　●　④

---

16 パンに　バターを　（　　　）　ください。

1　して　　2　ぬれて　　3　のって　　4　ぬって

17 （　　　）　くにに　かえりました。

1　ひさしぶりに　　2　しょうらい　　3　これから　　4　こんど

18 ふねが　（　　　）に　とうちゃくしました。

1　くうこう　　2　みなと　　3　まち　　4　えき

19 （　　　）は　本を　読む　ことです。

1　しゅうかん　　2　きょうみ　　3　やくそく　　4　しゅみ

20 へやを　きれいに　（　　　）　ください。

1　けして　　2　かたづけて　　3　くらべて　　4　ならべて

21 1000円で、800円の　おかしを　買って、200円の　（　　　）を　もらいました。

1　レシート　　2　おさつ　　3　おつり　　4　さいふ

22 ケンさんは　いつも　（　　　）に　はたらいて　います。

1　たいへん　　2　ぴったり　　3　ゆっくり　　4　まじめ

23 あさ、じしんが　あって（　　　）。

1　うれしかった　　2　こわかった

3　さびしかった　　4　はずかしかった

24 あしたの　ホテルの（　　　）を　しました。

1　よやく　　2　よほう　　3　よそう　　4　よてい

25 この　けんきゅうは、5ねん　かかって（　　　）おわりました。

1　ちっとも　　2　たしか　　3　やっと　　4　かならず

もんだい４　＿＿＿の　ぶんと　だいたい　おなじ　いみの　ぶんが　あります。１・２・３・４から　いちばん　いい　ものを　ひとつ　えらんで　ください。

（れい）　この　へやは　きんえんです。

1　この　へやは　たばこを　すっては　いけません。

2　この　へやは　たばこを　すっても　いいです。

3　この　へやは　たばこを　すわなければ　いけません。

4　この　へやは　たばこを　すわなくても　いいです。

（かいとうようし）

（れい）	● ② ③ ④

26 さいきん、家を　るすに　する　ことが　おおいです。

1　さいきん、家に　よく　います。

2　さいきん、家に　あまり　いません。

3　さいきん、家に　友だちを　よく　よんで　います。

4　さいきん、家で　あまり　あそんで　いません。

27 きょうの　テストは　かんたんでした。

1　きょうの　テストは　ふくざつでした。

2　きょうの　テストは　たいへんでした。

3　きょうの　テストは　やさしかったです。

4　きょうの　テストは　むずかしかったです。

28 くるまが　こしょうしました。

1　くるまが　こわれました。

2　くるまが　よごれました。

3　くるまが　うごきました。

4　くるまが　とまりました。

29 きょねん　たばこを　やめました。

1　きょねん　たばこを　はじめました。

2　きょねん　たばこを　かいました。

3　いま　たばこを　すって　いません。

4　いま　たばこを　すって　います。

30 いっしょうけんめいに　べんきょうします。

1　よく　べんきょうします。

2　あまり　べんきょうしません。

3　すこし　べんきょうします。

4　ほとんど　べんきょうしません。

もんだい5　つぎの　ことばの　つかいかたで　いちばん　いい　ものを　1・2・3・4から　ひとつ　えらんで　ください。

（れい）　こたえる

1　かんじを　大きく　こたえて　ください。

2　本を　たくさん　こたえて　ください。

3　わたしの　はなしを　よく　こたえて　ください。

4　先生の　しつもんに　ちゃんと　こたえて　ください。

（かいとうようし）

（れい）	①　②　③　●

31　けんぶつ

1　だいがくで　けいざいを　けんぶつして　います。

2　きのう、こうじょうを　けんぶつしました。

3　こんど、ふじさんを　けんぶつに　行きます。

4　なつやすみに　友だちと　はなびたいかいを　けんぶつしました。

32　あんしん

1　この　まちは　よる　うるさくて　あんしんです。

2　やまださんは　あんしんで　いそがしいです。

3　じこが　おきて、とても　あんしんです。

4　日本には　兄が　いますから、あんしんです。

33　こまかい

1　やさいを　こまかく　きって　ください。

2　かれの　家は　とても　こまかいです。

3　その　えんぴつは　こまかいですね。

4　わたしの　兄は　とても　あしが　こまかいです。

34 やぶれる

1　水に　ぬれて、かみが　やぶれました。

2　たいふうで、木が　やぶれました。

3　コップが　おちて、やぶれました。

4　いすを　なげたら、やぶれました。

35 さそう

1　まいにち　1じかん、ゲームを　さそいます。

2　はるに　なると、さくらが　さそいます。

3　雨が　ふったら、かさを　さそいます。

4　ジョンさんを　サッカーに　さそいます。

N4

言語知識（文法）・読解

（60分）

注　意

Notes

1. 試験が始まるまで、この問題用紙を開けないでください。
   Do not open this question booklet until the test begins.

2. この問題用紙を持って帰ることはできません。
   Do not take this question booklet with you after the test.

3. 受験番号と名前を下の欄に、受験票と同じように書いてください。
   Write your examinee registration number and name clearly in each box below as written on your test voucher.

4. この問題用紙は、全部で14ページあります。
   This question booklet has 14 pages.

5. 問題には解答番号の [1]、[2]、[3] … があります。
   解答は、解答用紙にある同じ番号のところにマークしてください。
   One of the row numbers [1], [2], [3] … is given for each question. Mark your answer in the same row of the answer sheet.

受験番号　Examinee Registration Number	

名前　Name	

もんだい1　（　　　）に　何を　入れますか。1・2・3・4から　いちばん　いい　ものを　一つ　えらんで　ください。

（例）あした　京都（　　　）　行きます。

1　を　　2　へ　　3　と　　4　の

（解答用紙）

（例）	①　●　③　④

1 「おいしい」は　ベトナム語（　　　）　なんと　言いますか。

1　を　　2　で　　3　から　　4　に

2 （コンビニで）

田中「すみません、ガムを　買いたいんですが…。」

店員「ガム（　　　）、あそこに　おいて　ありますよ。」

1　より　　2　なら　　3　と　　4　まで

3 あの人は　来ると　言った（　　　）、来ませんでした。

1　ので　　2　のに　　3　のは　　4　のを

4 去年は　あまり　旅行に　行けなかったので、今年は　たくさん　（　　　）と　思って　います。

1　行く　　2　行け　　3　行こう　　4　行けば

5 ひらがな（　　　）　書く　ことが　できます。

1　だけ　　2　が　　3　しか　　4　まで

6 みんなで　テレビ（　　　）　見ましょう。

1　でも　　2　まで　　3　ほど　　4　より

第1回

文法

7 山下(やました)さんは　あした　もどる（　　　）です。

1　だけ　　2　はず　　3　から　　4　なら

8 家族の　写真(しゃしん)ですか。お姉(ねえ)さん、きれいで　（　　　）　人ですね。

1　やさしい　　2　やさしかった　　3　やさしいそうな　　4　やさしそうな

9 この　おかしは　小さくて、食べ（　　　）です。

1　ない　　2　たい　　3　やすい　　4　よう

10 風邪(かぜ)を　引(ひ)いたら、くすりを　飲んで　はやく　（　　　）です。

1　ねたほうが　いい　　2　ねないほうが　いい

3　ねるつもり　　4　ねないつもり

11 A「どうしたんですか。顔色(かおいろ)が　悪(わる)いですね。」
B「じつは　きのう　先輩(せんぱい)に　たくさん　お酒(さけ)を　（　　　）。」

1　飲んで　もらったんです　　2　飲ませたんです

3　飲まれたんです　　4　飲まされたんです

12 あしたは　いい　天気に　（　　　）ね。

1　なると　いいです　　2　なったほうが　いいです

3　しか　なりません　　4　なったかもしれません

13 きのうは　レポートを　（　　　）、ありがとうございました。

1　手伝(てつだ)ったので　　2　手伝(てつだ)って　くれて

3　手伝(てつだ)ったら　　4　手伝(てつだ)って　あげて

14 休みの　日は、散歩(さんぽ)を　（　　　）、ゲームを　（　　　）します。

1　して、して　　2　しよう、しよう

3　しながら、しながら　　4　したり、したり

15 A「もう　この　資料(しりょう)を　読みましたか。」
B「いいえ、まだ　（　　　）。」

1　読みません　　2　読みませんでした

3　読んで　いません　　4　読んで　いませんでした

もんだい2　＿★＿に　入る　ものは　どれですか。1・2・3・4から　いちばん　いい　ものを　一つ　えらんで　ください。

（問題例(もんだいれい)）

本は　＿＿＿　＿＿＿　＿★＿　＿＿＿　あります。

1　の　　2　に　　3　上　　4　つくえ

（答(こた)え方(かた)）

1. 正(ただ)しい　文(ぶん)を　作(つく)ります。

本は　＿＿＿　＿＿＿　＿★＿　＿＿＿　あります。 4　つくえ　1　の　3　上　2　に

2. ＿★＿に　入(はい)る　番号(ばんごう)を　黒(くろ)く　塗(ぬ)ります。

（解答用紙(かいとうようし)）　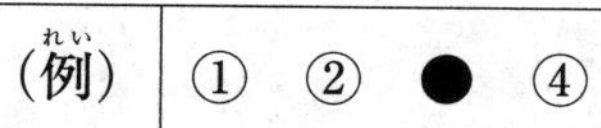

（例(れい)）	①　②　●　④

---

16 電気を　＿＿＿　＿＿＿　＿★＿　＿＿＿　出かけて　しまいました。

1　まま　　2　けさないで　　3　あけた　　4　かぎを

17 あとで　すてるから、＿＿＿　＿＿＿　＿★＿　＿＿＿。

1　おいて　　2　あつめて　　3　ください　　4　ごみを

18 家を　＿＿＿　＿＿＿　＿★＿　＿＿＿、急(きゅう)に　雨が　ふって　きました。

1　出よう　　2　した　　3　ときに　　4　と

19 A「あした、温泉(おんせん)に　行きませんか。」

B「いいですね。＿＿＿ ＿＿＿ ＿★＿ ＿＿＿。」

1　いって　　2　弟(おとうと)も　　3　いいですか　　4　つれて

20 私は　父　＿＿＿ ＿＿＿ ＿＿＿ ＿★＿　ほしいと　思って　います。

1　を　　2　に　　3　お酒(さけ)　　4　やめて

もんだい3　[21] から　[25] に　何を　入れますか。文章の　意味を　考えて、1・2・3・4から　いちばん　いい　ものを　一つ　えらんで　ください。

下の　文章は　留学生が　書いた　作文です。

おばあちゃんの　ケーキ

マリア

私の　おばあちゃんは　80歳です。今は　となりの　町に　住んで　います。おばあちゃんは　とても　やさしくて、ケーキを　作るの　[21]　とても　上手です。私は　おばあちゃんが　作る　ケーキが　いちばん　おいしいと　思います。

しかし、最近　おばあちゃんは　あまり　ケーキを　[22]。2年前に　病気に　なったからです。[23]、私は　おばあちゃんに　ケーキの　作り方を　教えて　もらいました。

難しかったですが、たくさん　ケーキを　作る　練習を　しました。それで　今は　おばあちゃんの　ように、おいしい　ケーキが　[24]。おいしい　ケーキができる　[25]、とても　うれしいです。これからも　おばあちゃんに　元気で　いて　ほしいです。

21

1　が　　2　を　　3　に　　4　と

22

1　作って　あげません　　2　作った　ことが　ありません

3　作らなくなりました　　4　作らなくても　いいです

23

1　そんなに　　2　たとえば　　3　けれども　　4　だから

24

1　作れるように　なりました　　2　作る　ことに　しました

3　作りおわりました　　4　作らせられました

25

1　のに　　2　と　　3　の　　4　より

もんだい４　つぎの(1)から(4)の文章を読んで、質問に答えてください。答えは、1・2・3・4から、いちばんいいものを一つえらんでください。

(1)

夏まつりのお知らせが教室にあります。

> ～たのしい夏まつり～
>
> 日時：7月15日（土）
>
> 15時～20時
>
> 場所：あおば公園
>
> 夏まつりに行く人は、14時に駅に集まってください。公園に自転車をおく場所がありませんから、電車などを使ってください。
>
> 雨がふったら、夏まつりは7月22日（土）になります。
>
> あおば日本語学校
>
> 7月1日

26 夏まつりに行きたい人は、どうしなければなりませんか。

1　7月15日の15時に自転車で公園に行きます。

2　7月15日の14時に駅に行ってから、公園に行きます。

3　7月15日の14時に公園に行ってから、駅に行きます。

4　7月22日の15時に駅に行ってから、公園に行きます。

第1回

読解

(2)

私の家はいなかにあります。デパートや映画館がある町まで、車で2時間くらいかかりますし、おしゃれなお店やレストランもあまりありません。だから、子どものとき、私はいなかが好きではありませんでした。でも、大人になって、このいなかが少しずつ好きになってきました。いなかにはいいところがたくさんあることに気がついたからです。いなかは町ほど便利じゃないですが、静かだし、水や野菜もとてもおいしいです。私はいなかが大好きです。

27 この人はどうしていなかが好きになりましたか。

1 デパートや映画館がある町まで車で行けるから

2 おしゃれなお店やレストランがあるから

3 いなかにはいいところがたくさんあるから

4 町よりも静かで便利だから

(3)

図書館の入り口に、お知らせがあります。

図書館を利用される方へ

➢ 読み終わった本は、受付に渡してください。

➢ 机やいすを使ったら、必ず片付けてください。ゴミは持って帰ってください。

➢ 本をコピーするときは、受付に言ってから、コピーをしてください。

➢ 図書館の中で、次のことをしないでください。

・ 食べたり飲んだりすること

・ 写真を撮ること

さくら大学図書館

28 このお知らせから、図書館についてわかることは何ですか。

1 本を読み終わったら、片付けなければいけません。

2 ゴミを捨てることはできません。

3 本をコピーしてはいけません。

4 写真を撮ってもいいです。

(4)

これは田中さんがキムさんに送ったメールです。

==

キムさん

こんにちは。

今、キムさんは韓国にいると聞きました。私は23日から27日まで、韓国に行こうと思っています。もし、キムさんの都合がよかったら、夜にいっしょに食事でもしませんか。キムさんが食事に行ける日を教えてくれたら、私がレストランを予約しておきます。韓国でキムさんに会えるのを、とても楽しみにしています。

田中

==

29 キムさんは田中さんに何を知らせますか。

1　今、韓国にいるかどうか

2　23日から27日まで韓国に行けるかどうか

3　夜いっしょに食事できる日はいつか

4　レストランを予約するかどうか

もんだい5　つぎの文章を読んで、質問に答えてください。答えは、1・2・3・4から、いちばんいいものを一つえらんでください。

これは留学生が書いた作文です。

私は2年前に日本に来ました。日本は、コンビニやスーパーがたくさんあって便利だし、とても生活しやすい国だと思いました。

でも、①残念なことがあります。それは、ゴミがとても多いことです。町の中を歩いていると、ゴミはほとんどなくて、どこもきれいですが、日本で生活していると、たくさんゴミが出ます。例えば、おかしを買ったとき、おかしの箱を開けたら、おかしが一つひとつビニールの袋に入っていました。一つおかしを食べると、ゴミが一つ増えてしまいます。この前、スーパーでトマトを買ったら、プラスチックの入れ物にトマトがおいてあって、ビニールでつつんでありました。家に帰って、料理をすると、プラスチックの入れ物も、ビニールも、全部ゴミになります。だから、②私の家のゴミ箱はすぐにプラスチックのゴミでいっぱいになってしまいます。

③確かにそうすると、おかしやトマトはきれいだし、1人で生活する人に便利です。でも、私はおかしやトマトを一つひとつビニールの袋に入れたり、プラスチックの入れ物に入れたりする必要はないと思います。プラスチックやビニールの袋を使わなかったら、（　　　）。

30 この人は何が①残念(ざんねん)なことだと思っていますか。

1　コンビニやスーパーがたくさんあって便利(べんり)なこと

2　町にゴミがとても多いこと

3　町の中にゴミがほとんどないこと

4　生活(せいかつ)していると、ゴミがたくさん出ること

31 なぜ②私の家のゴミ箱(ばこ)はすぐにプラスチックのゴミでいっぱいになってしまいますか。

1　町の中には、ゴミがほとんどないから。

2　プラスチックやビニールがたくさん使われているから。

3　家に帰って、自分(じぶん)で料理を作るから。

4　おかしを食べすぎてしまうから。

32 ③そうするとは何のことですか。

1　町の中にはゴミがほとんどなくても、家の中にゴミがたくさんあること

2　料理するとき、プラスチックの入(い)れ物(もの)やビニールをすてること

3　おかしやトマトを買って、自分(じぶん)で料理を作ること

4　おかしやトマトを一つひとつビニールやプラスチックでつつむこと

33 （　　　）に入れるのに、いちばんいい文(ぶん)はどれですか。

1　ゴミは減(へ)るはずです。

2　みんな困(こま)ると思います。

3　使いにくくなります。

4　きれいにしなければいけません。

もんだい6　右のページを見て、下の質問に答えてください。答えは、1・2・3・4から、いちばんいいものを一つえらんでください。

34 アンナさんは、「わくわくカルチャーセンター」の教室に参加したいと思っています。アンナさんは学校に行かなければいけないので、カルチャーセンターに行けるのは、18時からか、土曜日だけです。アンナさんが行ける教室は、どれですか。

1　①と⑥

2　②と④

3　③と⑤

4　①と④

35 バスケットボールをしたい人は、バスケットボール教室が終わったら、何をしなければなりませんか。

1　体育館をそうじする。

2　受付にお金を払う。

3　受付で名前と電話番号を書く

4　カルチャーセンターに電話する

わくわくカルチャーセンター

5月は、6つの教室があります。

先生がやさしく教えてくれるので、初めての人も心配しないでください。

☆5月のスケジュール

	料金※1	場所	持ち物	時間
①バスケットボール※2	無料	体育館	飲み物 タオル	月曜日 18：00 ～ 19：30 金曜日 19：00 ～ 20：30
②水泳	500円	プール	水着・タオル 水泳帽子	木曜日 10：00 ～ 11：00 17：00 ～ 18：00
③茶道	100円	和室	なし	火曜日 10：00 ～ 11：30
④パン作り	300円	調理室	エプロン タオル	土曜日 10：00 ～ 12：00
⑤ピアノ	100円	教室1	なし	木曜日 17：00 ～ 18：00
⑥ギター	無料	教室2	なし	水曜日 10：00 ～ 12：00 14：00 ～ 15：00

※1　料金はそれぞれの教室の先生に払ってください。

※2　バスケットボールをしたあとは、必ず体育館をそうじしてください。

初めてわくわくカルチャーセンターに参加する人は、受付で名前と電話番号を書いてください。

教室を休むときは、下の電話番号に電話してください。

わくわくカルチャーセンター　電話：0121-000-0000

合格模試　第1回

問題用紙

N4

聴解

（35分）

注　　意

Notes

1. 試験が始まるまで、この問題用紙を開けないでください。
   Do not open this question booklet until the test begins.

2. この問題用紙を持って帰ることはできません。
   Do not take this question booklet with you after the test.

3. 受験番号と名前を下の欄に、受験票と同じように書いてください。
   Write your examinee registration number and name clearly in each box below as written on your test voucher.

4. この問題用紙は、全部で15ページあります。
   This question booklet has 15 pages.

5. この問題用紙にメモをとってもいいです。
   You may make notes in this question booklet.

受験番号　Examinee Registration Number	

名前　Name	

もんだい1 N4_1_02

もんだい1では、まず　しつもんを　聞いて　ください。それから　話を　聞いて、もんだいようしの　1から4の　中から、いちばん　いい　ものを　一つ　えらんで　ください。

れい N4_1_03

1　ゆうびんきょくの　前で　まつ
2　ちゃいろい　ビルの　中に　入る
3　コンビニで　買いものを　する
4　しんごうを　わたる

1ばん N4_1_04

1

2

3

4

2ばん N4_1_05

1 ア イ
2 イ ウ
3 ウ エ
4 ア エ

3ばん N4_1_06

1　けんきゅうしつの　前の　はこに　入れる

2　メールで　おくる

3　先生に　ちょくせつ　わたす

4　先生に　そうだんする

4ばん N4_1_07

1

2

3

4

5ばん N4_1_08

1

2

3

4

6ばん N4_1_09

1　きょう　7時(じ)

2　あした　6時(じ)

3　あした　8時(じ)

4　あさって　6時(じ)

7ばん

1

2

3

4

8ばん N4_1_11

1　もって　かえって、月(げつ)よう日(び)に　出(だ)す
2　もって　かえって、火(か)よう日(び)に　出(だ)す
3　ゴミ捨(す)て場(ば)に　おいたままに　する
4　女(おんな)の人(ひと)に　わたす

もんだい2 N4_1_12

もんだい2では、まず　しつもんを　聞いて　ください。そのあと、もんだいようしを　見て　ください。読む　時間が　あります。それから　話を　聞いて、もんだいようしの　1から4の　中から、いちばん　いい　ものを　一つ　えらんで　ください。

れい N4_1_13

1　ピンクの　きもの
2　くろい　きもの
3　ピンクの　ドレス
4　くろい　ドレス

1ばん　N4_1_14

1　よる　ねるのが　おそいから

2　あさ　はやく　おきられないから

3　あさから　テレビを　見て　いるから

4　あさ　犬と　さんぽに　行くから

2ばん　N4_1_15

1　たった今　ごはんを　食べて　きたところ

2　レポートが　おわってから、ごはんを　食べに　行く

3　今から　ごはんを　食べに　行く

4　もう　すこし　してから、ごはんを　食べに　行く

3ばん　N4_1_16

1　おなかが　いたいから

2　テストを　うけるのが　いやだから

3　かみを　みじかく　切(き)りすぎたから

4　かぜを　ひいたから

4ばん　N4_1_17

1　大(おお)きい　こえで　話(はな)す　こと

2　本(ほん)を　コピーする　こと

3　パソコンを　使(つか)う　こと

4　ジュースを　飲(の)む　こと

5ばん N4_1_18

1　だいがくいんに　行く
2　りょうりの　がっこうに　行く
3　かいがいに　行く
4　じぶんの　おみせを　ひらく

6ばん N4_1_19

1　3時
2　3時30分
3　4時
4　べつの　日

7ばん N4_1_20

1 花(はな)の　えの　シャツ

2 花(はな)と　ねこの　えの　シャツ

3 ねこの　えの　シャツ

4 ねこと　リボンの　えの　シャツ

もんだい3 N4_1_21

もんだい3では、えを　見ながら　しつもんを　聞いて　ください。→（やじるし）の　人は　何と　言いますか。1から3の　中から、いちばん　いい　ものを　一つ　えらんで　ください。

第1回

れい N4_1_22

聴解

1ばん N4_1_23

2ばん N4_1_24

3ばん N4_1_25

4ばん N4_1_26

第1回

聴解

5ばん N4_1_27

もんだい4 N4_1_28

もんだい4では、えなどが　ありません。まず　ぶんを　聞いて　ください。それから、その　へんじを　聞いて、1から3の　中から、いちばん　いい　ものを　一つ　えらんで　ください。

れい N4_1_29

1ばん N4_1_30

2ばん N4_1_31

3ばん N4_1_32

4ばん N4_1_33

5ばん N4_1_34

6ばん N4_1_35

7ばん N4_1_36

8ばん N4_1_37

ごうかくもし　かいとうようし

N4 げんごちしき（もじ・ごい）

第1回

じゅけんばんごう Examinee Registration Number		なまえ Name	

〈ちゅうい　Notes〉

1. くろいえんぴつ（HB、No.2）でかいてください。
   Use a black medium soft (HB or No.2) pencil.
   （ペンやボールペンではかかないでください。）
   (Do not use any kind of pen.)
2. かきなおすときは、けしゴムできれいにけしてください。
   Erase any unintended marks completely.
3. きたなくしたり、おったりしないでください。
   Do not soil or bend this sheet.
4. マークれい Marking Examples

よいれい Correct Example	わるいれい Incorrect Examples
●	⊗ ✓ ○ ◎ ⊜ ◑ ●

もんだい1	
1	① ② ③ ④
2	① ② ③ ④
3	① ② ③ ④
4	① ② ③ ④
5	① ② ③ ④
6	① ② ③ ④
7	① ② ③ ④
8	① ② ③ ④
9	① ② ③ ④
もんだい2	
10	① ② ③ ④
11	① ② ③ ④
12	① ② ③ ④
13	① ② ③ ④
14	① ② ③ ④
15	① ② ③ ④

もんだい3	
16	① ② ③ ④
17	① ② ③ ④
18	① ② ③ ④
19	① ② ③ ④
20	① ② ③ ④
21	① ② ③ ④
22	① ② ③ ④
23	① ② ③ ④
24	① ② ③ ④
25	① ② ③ ④
もんだい4	
26	① ② ③ ④
27	① ② ③ ④
28	① ② ③ ④
29	① ② ③ ④
30	① ② ③ ④

もんだい5	
31	① ② ③ ④
32	① ② ③ ④
33	① ② ③ ④
34	① ② ③ ④
35	① ② ③ ④

ごうかくもし　かいとうようし

N4 げんごちしき(ぶんぽう)・どっかい

第1回

じゅけんばんごう Examinee Registration Number		なまえ Name	

〈ちゅうい　Notes〉

1. くろいえんぴつ (HB、No.2) でかいてください。
   Use a black medium soft (HB or No.2) pencil.
   (ペンやボールペンではかかないでください。)
   (Do not use any kind of pen.)
2. かきなおすときは、けしゴムできれいにけしてください。
   Erase any unintended marks completely.
3. きたなくしたり、おったりしないでください。
   Do not soil or bend this sheet.
4. マークれい Marking Examples

よいれい Correct Example	わるいれい Incorrect Examples
●	⊗ ✓ ○ ◎ ⊜ ⦶ ●

もんだい1

1	①	②	③	④
2	①	②	③	④
3	①	②	③	④
4	①	②	③	④
5	①	②	③	④
6	①	②	③	④
7	①	②	③	④
8	①	②	③	④
9	①	②	③	④
10	①	②	③	④
11	①	②	③	④
12	①	②	③	④
13	①	②	③	④
14	①	②	③	④
15	①	②	③	④

もんだい2

16	①	②	③	④
17	①	②	③	④
18	①	②	③	④
19	①	②	③	④
20	①	②	③	④

もんだい3

21	①	②	③	④
22	①	②	③	④
23	①	②	③	④
24	①	②	③	④
25	①	②	③	④

もんだい4

26	①	②	③	④
27	①	②	③	④
28	①	②	③	④
29	①	②	③	④

もんだい5

30	①	②	③	④
31	①	②	③	④
32	①	②	③	④
33	①	②	③	④

もんだい6

34	①	②	③	④
35	①	②	③	④

ごうかくもし　かいとうようし

N4 ちょうかい

第1回

じゅけんばんごう Examinee Registration Number		なまえ Name	

〈ちゅうい　Notes〉

1. くろいえんぴつ（HB、No.2）でかいてください。
   Use a black medium soft (HB or No.2) pencil.
   （ペンやボールペンではかかないでください。）
   (Do not use any kind of pen.)
2. かきなおすときは、けしゴムできれいにけしてください。
   Erase any unintended marks completely.
3. きたなくしたり、おったりしないでください。
   Do not soil or bend this sheet.
4. マークれい Marking Examples

よいれい Correct Example	わるいれい Incorrect Examples
●	⊗ ✓ ○ ◎ ⊜ ⦶ ●

もんだい1				
れい	①	②	③	●
1	①	②	③	④
2	①	②	③	④
3	①	②	③	④
4	①	②	③	④
5	①	②	③	④
6	①	②	③	④
7	①	②	③	④
8	①	②	③	④

もんだい2				
れい	①	②	③	●
1	①	②	③	④
2	①	②	③	④
3	①	②	③	④
4	①	②	③	④
5	①	②	③	④
6	①	②	③	④
7	①	②	③	④

もんだい3			
れい	●	②	③
1	①	②	③
2	①	②	③
3	①	②	③
4	①	②	③
5	①	②	③

もんだい4			
れい	●	②	③
1	①	②	③
2	①	②	③
3	①	②	③
4	①	②	③
5	①	②	③
6	①	②	③
7	①	②	③
8	①	②	③

N4
げんごちしき（もじ・ごい）
（30ぷん）

ちゅうい
Notes

1. しけんが　はじまるまで、この　もんだいようしを　あけないで　ください。
Do not open this question booklet until the test begins.

2. この　もんだいようしを　もって　かえる　ことは　できません。
Do not take this question booklet with you after the test.

3. じゅけんばんごうと　なまえを　したの　らんに、じゅけんひょうと　おなじように　かいて　ください。
Write your examinee registration number and name clearly in each box below as written on your test voucher.

4. この　もんだいようしは、ぜんぶで　9ページ　あります。
This question booklet has 9 pages.

5. もんだいには　かいとうばんごうの 1 、 2 、 3 … が　あります。かいとうは、かいとうようしに　ある　おなじ　ばんごうの　ところに　マークして　ください。
One of the row numbers 1 , 2 , 3 … is given for each question. Mark your answer in the same row of the answer sheet.

じゅけんばんごう　Examinee Registration Number	
なまえ　Name	

もんだい1　＿＿＿の　ことばは　ひらがなで　どう　かきますか。
1・2・3・4から　いちばん　いい　ものを　ひとつ　えらんで
ください。

（れい）この　りんごが　とても　甘いです。

1　あかい　　2　あまい　　3　あおい　　4　あらい

（かいとうようし）

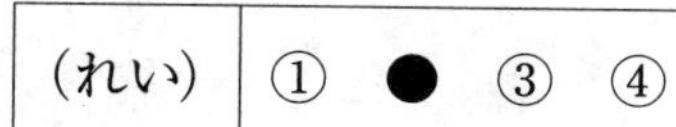

（れい）	①　●　③　④

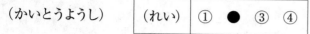

1 ぬいだ　上着を　ここに　かけて　ください。

1　うえき　　2　うわき　　3　うわぎ　　4　じょうちゃく

2 もっと　強く　おして　ください。

1　たかく　　2　ひくく　　3　つよく　　4　よわく

3 すみません、切手を　1まい　ください。

1　きて　　2　きって　　3　きっぷ　　4　きぷ

4 友だちに　地図を　かいて　もらいました。

1　ちと　　2　じと　　3　じず　　4　ちず

5 えきまで　走って　いきます。

1　そうって　　2　あるって　　3　はしって　　4　のぼって

6 きのう、ゆうめいな　パン屋へ　行きました。

1　や　　2　う　　3　てん　　4　みせ

7 テレビの　音が　聞こえません。

1　おと　　2　こえ　　3　うた　　4　きょく

8 用事が　あって　パーティーに　行けません。

1　しごと　　2　ようごと　　3　ようす　　4　ようじ

9 あなたの　意見が　聞きたいです。

1　いけん　　2　いみ　　3　いし　　4　いじょう

もんだい２　＿＿＿の　ことばは　どう　かきますか。１・２・３・４から　いちばん　いい　ものを　ひとつ　えらんで　ください。

（れい）つくえの　うえに　ねこが　います。

1　上　　2　下　　3　左　　4　右

（かいとうようし）

（れい）	●　②　③　④

10　わたしは　ピアノを　ならいたいです。

1　七い　　2　翌い　　3　習い　　4　学い

11　ちこくした　りゆうを　おしえて　ください。

1　理由　　2　自由　　3　理用　　4　事由

12　オウさんは　にほんごの　はつおんが　きれいです。

1　元音　　2　発意　　3　完音　　4　発音

13　雨で、しあいが　ちゅうしに　なりました。

1　王正　　2　王止　　3　中正　　4　中止

14　あの　とりは　きれいな　こえで　なきます。

1　書　　2　島　　3　鳥　　4　事

15　たんじょうびに、父から　とけいを　もらいました。

1　時計　　2　詩計　　3　時訂　　4　詩計

もんだい３　（　　）に　なにを　いれますか。１・２・３・４から　いちばん　いい　ものを　ひとつ　えらんで　ください。

（れい）この　おかしは　（　　）　おいしくないです。

1　とても　　2　すこし　　3　あまり　　4　しょうしょう

（かいとうようし）

（れい）	①　②　●　④

16 こうえんに　人が　たくさん　（　　）　います。

1　とまって　　2　きまって　　3　あつまって　　4　あつめて

17 まいばん、じゅぎょうの　（　　）を　します。

1　よてい　　2　よやく　　3　よしゅう　　4　やくそく

18 はじめて　会う　人と　話す　ときは、（　　）な　ことばを　つかいましょう。

1　ていねい　　2　ふつう　　3　きゅう　　4　ゆっくり

19 やすみの　日は、よく　（　　）を　読みます。

1　えいが　　2　テレビ　　3　しょうせつ　　4　ゲーム

20 つかいかたが　わかる　人は　（　　）　いません。

1　だれも　　2　だれか　　3　だれの　　4　だれと

21 父は　やさいを　（　　）　います。

1　よんで　　2　うんで　　3　あそんで　　4　そだてて

22 あしたの　パーティーの　（　　）を　しましょう。

1　しあい　　2　ようい　　3　ようじ　　4　しょうかい

23 わたしが（　　　）コーヒーは　おいしいです。

1　した　　2　いれた　　3　たてた　　4　やいた

24 その　日は　つごうが　わるいので、（　　　）の　日が　いいです。

1　とき　　2　いい　　3　べつ　　4　いつ

25（　　　）いしゃに　なりたいです。

1　いつ　　2　いつか　　3　いつでも　　4　いつごろ

もんだい4　＿＿＿の　ぶんと　だいたい　おなじ　いみの　ぶんが　あります。
1・2・3・4から　いちばん　いい　ものを　ひとつ　えらんで
ください。

（れい）　<u>この　へやは　きんえんです。</u>

1　この　へやは　たばこを　すっては　いけません。

2　この　へやは　たばこを　すっても　いいです。

3　この　へやは　たばこを　すわなければ　いけません。

4　この　へやは　たばこを　すわなくても　いいです。

（かいとうようし）

（れい）	● ② ③ ④

26　<u>りんごは　いちごほど　すきではありません。</u>

1　りんごも　いちごも　きらいです。

2　りんごは　きらいですが、いちごは　すきです。

3　いちごより　りんごの　ほうが　すきです。

4　りんごより　いちごの　ほうが　すきです。

27　<u>わたしは　びょういんに　つとめて　います。</u>

1　わたしは　びょういんで　はたらいて　います。

2　わたしは　びょういんに　かよって　います。

3　わたしは　びょういんで　まって　います。

4　わたしは　びょういんに　むかって　います。

28　<u>この　えの　しゃしんを　とらせて　ください。</u>

1　この　えの　しゃしんを　とりたいです。

2　この　えの　しゃしんを　とって　もらいたいです。

3　この　えの　しゃしんを　とって　ほしいです。

4　この　えの　しゃしんを　とらないで　ほしいです。

29 こちらを　ごらんに　なりますか。

1　これを　聞きますか。

2　これを　見ますか。

3　これを　食べますか。

4　これを　飲みますか。

30 しゅくだいを　して　いる　ところです。

1　しゅくだいが　おわりました。

2　しゅくだいを　かならず　します。

3　しゅくだいを　いまから　します。

4　しゅくだいを　して　います。

もんだい5　つぎの　ことばの　つかいかたで　いちばん　いい　ものを　1・2・3・4から　ひとつ　えらんで　ください。

（れい）　こたえる

1　かんじを　大きく　こたえて　ください。

2　本を　たくさん　こたえて　ください。

3　わたしの　はなしを　よく　こたえて　ください。

4　先生の　しつもんに　ちゃんと　こたえて　ください。

（かいとうようし）

（れい）	①　②　③　●

---

31 聞こえる

1　先生の　じゅぎょうを　聞こえます。

2　となりの　へやから　こえが　聞こえます。

3　わたしの　はなしを　聞こえて　ください。

4　いっしょに　ラジオを　聞こえましょう。

32 おたく

1　あした　おたくに　うかがっても　いいですか。

2　わたしの　おたくは　とても　きれいです。

3　あした　おたくが　とどきますか。

4　あたらしい　おたくを　さがして　います。

33 さわぐ

1　でんしゃの　中で　さわがないで　ください。

2　デパートで　シャツを　さわぎます。

3　この　ポスターを　かべに　さわいで　ください。

4　この　ビルは　10ねんまえに　さわがれました。

34 デート

1　ぼうねんかいの　デートは　12月23日です。

2　ぼうねんかいに　さんかできるか　どうか、デートで　かくにんします。

3　デートを　もういちど　チェックします。

4　ぼくは　かのじょと　こうえんで　デートを　しました。

35 せわ

1　わからなかったので、もういちど　せわを　して　ください。

2　兄は　どうぶつの　せわを　するのが　すきです。

3　子どもたちは　こうえんで　せわを　して　います。

4　きょうから　あたらしい　かいしゃで　せわします。

N4

言語知識（文法）・読解

（60分）

注　意

Notes

1. 試験が始まるまで、この問題用紙を開けないでください。
   Do not open this question booklet until the test begins.

2. この問題用紙を持って帰ることはできません。
   Do not take this question booklet with you after the test.

3. 受験番号と名前を下の欄に、受験票と同じように書いてください。
   Write your examinee registration number and name clearly in each box below as written on your test voucher.

4. この問題用紙は、全部で14ページあります。
   This question booklet has 14 pages.

5. 問題には解答番号の 1 、 2 、 3 … があります。
   解答は、解答用紙にある同じ番号のところにマークしてください。
   One of the row numbers 1 , 2 , 3 … is given for each question. Mark your answer in the same row of the answer sheet.

受験番号　Examinee Registration Number	

名前　Name	

もんだい1　（　　　）に　何を　入れますか。1・2・3・4から　いちばん　いい　ものを　一つ　えらんで　ください。

（例(れい)）あした　京都(きょうと)（　　　）　行きます。

1　を　　2　へ　　3　と　　4　の

（解答用紙(かいとうようし)）

（例(れい)）	①　●　③　④

1 日曜日(にちようび)は　家で　勉強(べんきょう)して　いますが、友だちと　（　　　）　ことも　あります。

1　出かけ　　2　出かける　　3　出かけない　　4　出かけた

2 先生に　日本語を　教えて　（　　　）。

1　いただきました　　2　まいりました

3　くださいました　　4　さしあげました

3 この　本は　字が　大きいですから、目が　悪(わる)い　人（　　　）　読めます。

1　でも　　2　だけ　　3　より　　4　なら

4 A「少し　疲れましたね。」

B「じゃあ、きゅうけい（　　　）　しましょうか。」

1　へ　　2　か　　3　で　　4　に

5 妹は　おかしを　見ると、いつも　食べ（　　　）。

1　ほしい　　2　てほしい　　3　たい　　4　たがる

6 はやく　みなさんの　役(やく)に　立てる（　　　）　がんばります。

1　ために　　2　までに　　3　ように　　4　ことに

7 A「いつ　出かけますか。」

B「シャワーを　あびた（　　　）、出かけます。」

1　とき　　2　から　　3　まえに　　4　あとで

8 ぼうしを　（　　　）まま、お寺の　中に　入っては　いけません。

1　かぶる　　2　かぶって　　3　かぶり　　4　かぶった

9 この　部屋は　いまから　使うので、電気を　つけて　（　　　）　ください。

1　あって　　2　おいて　　3　みて　　4　いて

10 おなかが　いたくて、朝から　何も　（　　　）　いた。

1　食べられて　　2　食べなくて　　3　食べて　　4　食べないで

11 教室に　着いたら、じゅぎょうが　（　　　）。

1　はじまって　いました　　2　はじめて　います

3　はじまります　　4　はじめました

12 夜　おそい　時間に　家に　帰って、父を　（　　　）。

1　おこらせました　　2　おこられました

3　おこって　もらいました　　4　おこって　くれました

13 先週　かした　本を　返して　（　　　）。

1　しませんか　　2　ありませんか

3　あげませんか　　4　もらえませんか

14 10年（　　　）　続いた　せんそうが　とうとう　終わった。

1　は　　2　で　　3　も　　4　に

15 子どもの　しょうらいを　考えて、夏休み中でも　（　　　）。

1　勉強して　います　　2　勉強させて　います

3　勉強させました　　4　勉強しました

もんだい2　＿★＿に　入る　ものは　どれですか。1・2・3・4から　いちばん　いい　ものを　一つ　えらんで　ください。

（問題例）

本は　＿＿＿　＿＿＿　＿★＿　＿＿＿　あります。

1　の　　2　に　　3　上　　4　つくえ

（答え方）

1．正しい　文を　作ります。

本は　＿＿＿　＿＿＿　＿★＿　＿＿＿　あります。 4　つくえ　1　の　3　上　2　に

2．＿★＿に　入る　番号を　黒く　塗ります。

（解答用紙）

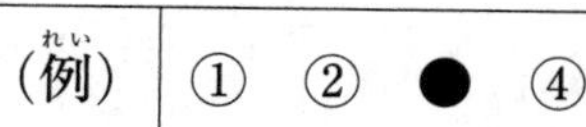

---

16 田中「山下くん、元気が　ないね。どうしたの？」

山下「じつは、＿＿＿　＿＿＿　＿＿＿　＿★＿　と　言われたんだ。」

1　に　　2　くれ　　3　別れて　　4　彼女

17 今日は　＿＿＿　＿＿＿　＿★＿　＿＿＿　どうですか。

1　手ぶくろを　　2　から　　3　したら　　4　さむい

18 ここで　タバコを　＿＿＿　＿＿＿　＿＿＿　＿★＿　知って　いますよね。

1　いけない　　2　吸っては　　3　ことを　　4　という

19 A「田中（たなか）さんは　もう　もどって　きましたか。」
B「ちょっと　＿＿＿　＿★＿　＿＿＿　＿＿＿　きます。」
1　見に　　2　行って　　3　部屋（へや）　　4　まで

20 日本語を　＿★＿　＿＿＿　＿＿＿　＿＿＿　は　ありますか。
1　話す　　2　たくさん　　3　クラス　　4　ことが　できる

もんだい３　[21]から　[25]に　何を　入れますか。文章の　意味を　考えて、
１・２・３・４から　いちばん　いい　ものを　一つ　えらんで　ください。

下の　文章は　留学生が　書いた　作文です。

日本の　夏

アメリア・テイラー

私が　一番　好きな　きせつ[21]　夏です。日本の　夏は　6月から　はじまります。6月は　「梅雨」と　言って　ずっと　雨[22]　ふって　います。でも、雨が　ふらないと、野菜や　お米が　大きく　ならないので、「梅雨」は　とても　大切です。「梅雨」は　7月で　終わります。

7月に　なると、夏休みが　はじまるので、子どもたちは　学校に　[23]。子どもたちは　友だちと　[24]、プールへ　行ったり、宿題を　したりします。

8月は　一番　暑い　月です。13日から　15日まで、「お盆休み」に　なります。「お盆休み」には、旅行や、遠くに　住んで　いる　おじいちゃん　おばあちゃんの　家に　行く　人が　多いです。日本の　夏は　暑いですが、海や　プール、花火大会、おまつりなど、おもしろい　ことが　たくさん　あります。[25]　私は　夏が　大好きです。

21

1　で　　2　に　　3　は　　4　と

22

1　しか　　2　ばかり　　3　より　　4　まで

23

1　行かなくても　いいです　　2　行かなくては　なりません

3　行きたがります　　4　行く　ことに　なります

24

1　遊(あそ)ぶなら　　2　遊(あそ)べば　　3　遊(あそ)んだら　　4　遊(あそ)んだり

25

1　だけど　　2　だから　　3　それに　　4　もし

もんだい4　つぎの(1)から(4)の文章を読んで、質問に答えてください。答えは、1・2・3・4から、いちばんいいものを一つえらんでください。

(1)

美花さんが学校から帰ってきたら、つくえの上に、このメモが置いてありました。

> 美花へ
>
> 　買いものに行ってきます。冷蔵庫の中に、ぶどうが入っているので、宿題が終わったら食べてください。ぶどうは、おばあちゃんが送ってくれました。あとで、いっしょにおばあちゃんに電話をかけましょう。
>
> お母さんより

26 美花さんは、まず何をしなければなりませんか。

1　買いものに行く。

2　ぶどうを食べる。

3　宿題をする。

4　おばあちゃんに電話をかける。

(2)

この前、友だちと一緒にラーメンを食べに行きました。ラーメンを食べようとしたとき、友だちが「ちょっと待って！　まだ食べないで！」と言って、ラーメンの写真をたくさん撮っていました。友だちが写真を撮り終わったときには、温かいラーメンが冷めてしまって、おいしくなくなってしまいました。最近、ごはんを食べる前に写真を撮る人が増えてきました。私は、料理は一番おいしいときに食べるべきだと思うので、そういうことをしないでほしいと思います。

27 そういうこととはどんなことですか。

1　友だちと一緒にごはんを食べに行くこと

2　料理が冷めて、おいしくなくなってしまったこと

3　食べる前に料理の写真を撮ること

4　一番おいしいときに料理を食べること

(3)

インターネットで買い物をしています。

【インターネットで買われるお客様(きゃくさま)へ】

- 送料(そうりょう)は200円です。3,000円以上(いじょう)買うと、送料(そうりょう)はかかりません。
- 注文(ちゅうもん)してから3日後(ご)に商品(しょうひん)をお届(とど)けできます。
- 注文(ちゅうもん)した次(つぎ)の日にお届(とど)けするサービスをご利用(りよう)される場合(ばあい)は、300円かかります。
- メッセージカードをつける場合(ばあい)は、100円かかります。
- 商品(しょうひん)のキャンセルはできません。

28 友だちにプレゼントするため、2,500円のシャツを買うことにしました。あさってには届(とど)けたいです。メッセージカードもつけようと思っています。いくらになりますか。

1 2,600円

2 2,800円

3 3,000円

4 3,100円

第2回

読解

(4)

私は、いつも車を運転するとき、歌を歌っています。でも、お母さんは、車を運転するときに歌を歌っていると、事故をおこしてしまうかもしれないから、やめたほうがいいと言っています。車の中だったら歌を歌っても、あまりうるさくないし、とても楽しい気持ちになります。でも、私は事故をおこさないように、気をつけているし、一度も事故をおこしたことはないので、大丈夫だと思っています。

29 この人について、正しいものはどれですか。

1　車を運転していると、いつも楽しい気持ちになる。
2　歌を歌っていて、事故をおこしてしまったことがある。
3　車の運転に気をつけていれば、歌っても大丈夫だと思っている。
4　事故をおこさないために、歌うのをやめることにした。

もんだい5　つぎの文章を読んで、質問に答えてください。答えは、1・2・3・4から、いちばんいいものを一つえらんでください。

これは留学生が書いた作文です。

山田さんの家族と私

アンナ

先週、私は山田さんの家に遊びに行きました。山田さんの家は、私のアパートから遠いので、電車とバスを使わなければなりません。私は、電車とバスを使うのが初めてなので、「もし、電車とバスを間違えたらどうしよう」と、とても心配でした。私が山田さんに①そのことを伝えると、山田さんはお父さんに、アパートまで車で迎えに来てくれるようにお願いしてくれました。山田さんのお父さんは、すぐに「②もちろん、いいよ」と言ってくれました。

山田さんの家に着くと、山田さんのお母さんと高校生の妹さんが迎えてくれました。私は山田さんの家族に国で買ってきたおみやげを渡して、「一緒に飲みましょう」と言いました。すると、③みんなは少し困った顔をしました。私が買ってきたおみやげは、ワインでした。私の国では、ワインを飲みながら、みんなでごはんを食べます。しかし、山田さんのお父さんとお母さんはお酒が飲めないし、山田さんと妹さんは、まだお酒を飲んではいけません。私は「失敗した」と思いました。おみやげを買うなら、（　　　　　）と思いました。でも、山田さんの家族は、めずらしいワインだからうれしいと言ってよろこんでくれました。

そして、家族みんなで、たこ焼きを作って食べたり、ゲームをしたり、たくさん話をしたりしました。とても楽しい一日でした。

30 ①そのことはどんなことですか。

1　山田さんの家に遊(あそ)びに行くこと

2　山田さんの家がアパートから遠(とお)いこと

3　電車とバスを間違(まちが)えたこと

4　電車とバスに乗るのが心配(しんぱい)なこと

31 お父さんは②「もちろん、いいよ」と言って、何をしてくれましたか。

1　アンナさんに電車とバスの乗り方を教えてくれた。

2　アンナさんのアパートに遊(あそ)びに来てくれた。

3　車でアンナさんを迎(むか)えに来てくれた。

4　山田さんに迎(むか)えに来るようにお願(ねが)いしてくれた。

32 なぜ③みんなは少し困(こま)った顔(かお)をしましたか。

1　山田さんの家族は、だれもワインが飲めないから。

2　山田さんの家族は、おみやげを買っていなかったから。

3　山田さんの家族は、ワインを飲みながら、ごはんを食べないから。

4　山田さんの家族は、お酒(さけ)を飲んではいけないから。

33 （　　　）に入れるのに、いちばんいい文(ぶん)はどれですか。

1　めずらしいワインをよろこんでくれてよかった

2　ワインじゃなくてビールにすればよかった

3　国で買ってきたおみやげはよくない

4　家族が好きなものを聞いておいたほうがよかった

もんだい6　右のページを見て、下の質問に答えてください。答えは、1・2・3・4から、いちばんいいものを一つえらんでください。

34 リーさんはあおぞら市内にあるさくら大学の留学生で、初めてあおぞら大学の図書館に行きます。リーさんは、まず何をしなければいけませんか。

1　大学からもらった利用カードを使って、図書館に入る。

2　受付であおぞら大学の利用カードを作る。

3　借りたい本と利用カードを一緒に受付に出す。

4　コピー申込書を書いて、受付に出す。

35 日曜日にCDを返す人はどうすればいいですか。

1　日曜日以外の日に受付に返す。

2　受付に借りたCDを返す。

3　入口の前の返却ボックスに入れる。

4　図書館に連絡する。

あおぞら大学図書館のご利用について

● **利用できる人**

あおぞら大学の大学生・留学生・先生

あおぞら市内にあるさくら大学・うみの大学の大学生・留学生・先生

● **利用時間**

月曜日～金曜日　8：30 ～ 20：00

土曜日　9：00 ～ 17：00

● **利用方法**

あおぞら大学の大学生・留学生・先生が図書館を利用するときは、大学からもらった利用カードを使ってください。

あおぞら大学ではない大学の大学生・留学生・先生が、初めて図書館を利用するときは、受付で利用カードを作ってください。

● **借りるとき**

借りたい本やCDなどと利用カードを一緒に受付に出してください。

本は2週間借りることができます。

CD、DVDは1週間借りることができます。

● **返すとき**

返す本やCDなどを受付に返してください。

図書館が閉まっているときは、入口の前にある返却ボックスに入れてください。

CD、DVDは返却ボックスに入れないで、必ず受付に返してください。

● **注意**

本をコピーするときは、コピー申込書を書いて、受付に出してください。

図書館の本を汚したり、なくしたりした場合は、必ず図書館に連絡してください。

あおぞら大学図書館

N4
聴解
（35分）

注　意
Notes

1. 試験が始まるまで、この問題用紙を開けないでください。
   Do not open this question booklet until the test begins.

2. この問題用紙を持って帰ることはできません。
   Do not take this question booklet with you after the test.

3. 受験番号と名前を下の欄に、受験票と同じように書いてください。
   Write your examinee registration number and name clearly in each box below as written on your test voucher.

4. この問題用紙は、全部で15ページあります。
   This question booklet has 15 pages.

5. この問題用紙にメモをとってもいいです。
   You may make notes in this question booklet.

受験番号　Examinee Registration Number	

名前　Name	

もんだい1 N4_2_02

もんだい1では、まず　しつもんを　聞いて　ください。それから　話を　聞いて、もんだいようしの　1から4の　中から、いちばん　いい　ものを　一つ　えらんで　ください。

れい N4_2_03

1　ゆうびんきょくの　前で　まつ
2　ちゃいろい　ビルの　中に　入る
3　コンビニで　買いものを　する
4　しんごうを　わたる

1ばん N4_2_04

1

2

3

4

2ばん N4_2_05

1　1,000円（えん）
2　2,000円（えん）
3　3,000円（えん）
4　4,000円（えん）

3ばん

1

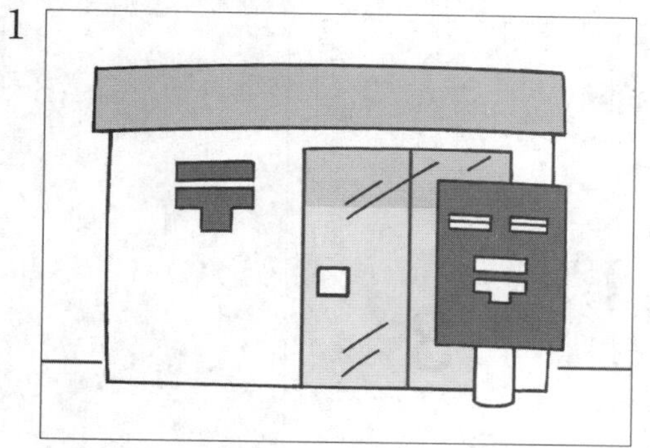

2

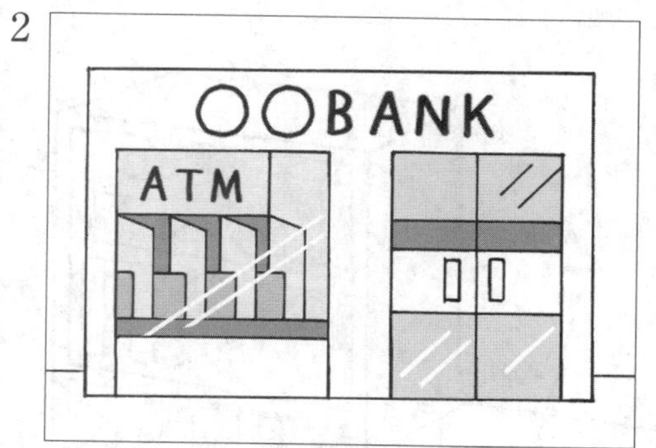

3

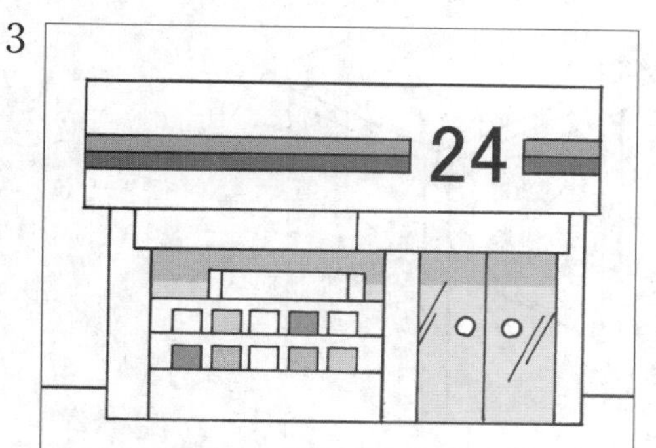

4

4ばん N4_2_07

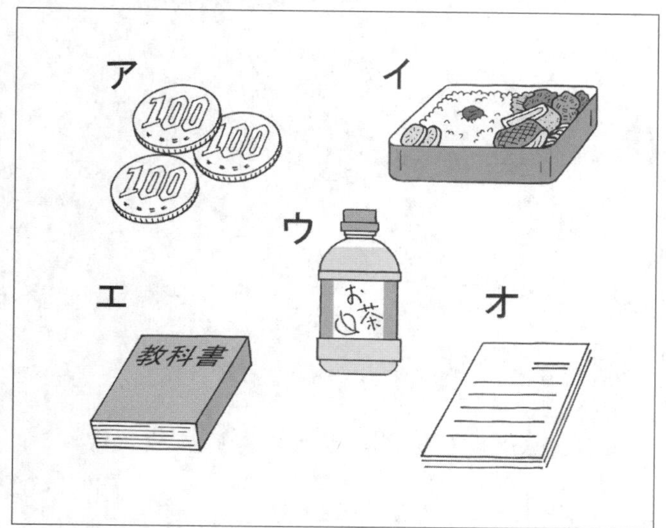

1 ア イ
2 イ エ
3 ウ オ
4 ウ エ

第2回

聴解

5ばん N4_2_08

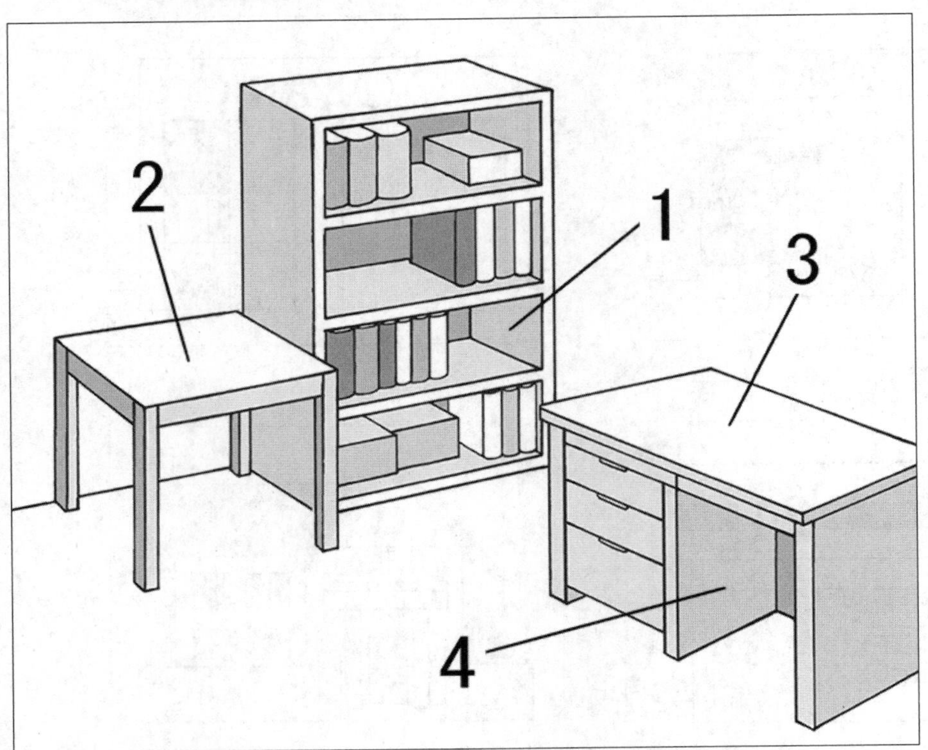

6ばん N4_2_09

1　5時～11時
2　2時～4時
3　6時～10時
4　4時～10時

7ばん N4_2_10

1 山本(やまもと)さん

2 しゃちょう

3 林(はやし)くん

4 大野(おおの)さん

8ばん N4_2_11

1

2

3

4

第2回

聴解

もんだい2 N4_2_12

もんだい2では、まず　しつもんを　聞いて　ください。そのあと、もんだいようしを　見て　ください。読む　時間が　あります。それから　話を　聞いて、もんだいようしの　1から4の　中から、いちばん　いい　ものを　一つ　えらんで　ください。

れい N4_2_13

1　ピンクの　きもの

2　くろい　きもの

3　ピンクの　ドレス

4　くろい　ドレス

1ばん N4_2_14

1 やきゅう

2 サッカー

3 バスケットボール

4 さかなつり

2ばん N4_2_15

1 月(げつ)よう日(び)

2 水(すい)よう日(び)

3 木(もく)よう日(び)

4 金(きん)よう日(び)

3ばん　N4_2_16

1　くるまで　行く
2　でんしゃで　行く
3　あるいて　行く
4　タクシーで　行く

4ばん　N4_2_17

1　くるまが　おおかったから
2　人が　どうろに　とび出して　きたから
3　けいたいでんわを　見て　いたから
4　くるまに　きが　つかなかったから

5ばん N4_2_18

1　まいにち
2　しゅうに　2日(ふつか)
3　しゅうに　3日(みっか)
4　しゅうに　4日(よっか)

6ばん N4_2_19

1　女(おんな)の　人(ひと)
2　男(おとこ)の　人(ひと)
3　行(い)く　ときは　男(おとこ)の　人(ひと)、かえる　ときは　女(おんな)の　人(ひと)
4　くるまで　行(い)くのを　やめる

7ばん N4_2_20

1　えき

2　じぶんの　家(いえ)

3　友(とも)だちの　家(いえ)

4　びょういん

もんだい3 N4_2_21

もんだい3では、えを　見（み）ながら　しつもんを　聞（き）いて　ください。→（やじるし）の　人（ひと）は　何（なん）と　言（い）いますか。1から3の　中（なか）から、いちばん　いい　ものを　一（ひと）つ　えらんで　ください。

れい N4_2_22

第2回

聴解

1ばん N4_2_23

2ばん N4_2_24

3ばん N4_2_25

4ばん N4_2_26

第2回

聴解

5ばん N4_2_27

もんだい4 N4_2_28

もんだい4では、えなどが　ありません。まず　ぶんを　聞いて　ください。それから、その　へんじを　聞いて、1から3の　中から、いちばん　いい　ものを　一つ　えらんで　ください。

れい N4_2_29

1ばん N4_2_30

2ばん N4_2_31

3ばん N4_2_32

4ばん N4_2_33

5ばん N4_2_34

6ばん N4_2_35

7ばん N4_2_36

8ばん N4_2_37

ごうかくもし　かいとうようし

N4 げんごちしき（もじ・ごい）

第2回

じゅけんばんごう Examinee Registration Number		なまえ Name	

〈ちゅうい　Notes〉

1. くろいえんぴつ（HB、No.2）でかいてください。
   Use a black medium soft (HB or No.2) pencil.
   （ペンやボールペンではかかないでください。）
   (Do not use any kind of pen.)
2. かきなおすときは、けしゴムできれいにけしてください。
   Erase any unintended marks completely.
3. きたなくしたり、おったりしないでください。
   Do not soil or bend this sheet.
4. マークれい Marking Examples

よいれい Correct Example	わるいれい Incorrect Examples
●	⊗ ✓ ○ ◎ ◍ ◑ ●

もんだい1				
1	①	②	③	④
2	①	②	③	④
3	①	②	③	④
4	①	②	③	④
5	①	②	③	④
6	①	②	③	④
7	①	②	③	④
8	①	②	③	④
9	①	②	③	④
もんだい2				
10	①	②	③	④
11	①	②	③	④
12	①	②	③	④
13	①	②	③	④
14	①	②	③	④
15	①	②	③	④

もんだい3				
16	①	②	③	④
17	①	②	③	④
18	①	②	③	④
19	①	②	③	④
20	①	②	③	④
21	①	②	③	④
22	①	②	③	④
23	①	②	③	④
24	①	②	③	④
25	①	②	③	④
もんだい4				
26	①	②	③	④
27	①	②	③	④
28	①	②	③	④
29	①	②	③	④
30	①	②	③	④

もんだい5				
31	①	②	③	④
32	①	②	③	④
33	①	②	③	④
34	①	②	③	④
35	①	②	③	④

ごうかくもし　かいとうようし

N4 げんごちしき（ぶんぽう）・どっかい

第2回

じゅけんばんごう Examinee Registration Number		なまえ Name	

〈ちゅうい　Notes〉

1. くろいえんぴつ（HB、No.2）でかいてください。
   Use a black medium soft (HB or No.2) pencil.
   （ペンやボールペンではかかないでください。）
   (Do not use any kind of pen.)
2. かきなおすときは、けしゴムできれいにけしてください。
   Erase any unintended marks completely.
3. きたなくしたり、おったりしないでください。
   Do not soil or bend this sheet.
4. マークれい Marking Examples

よいれい Correct Example	わるいれい Incorrect Examples
●	⊗ ✓ ○ ◎ ⊜ ⦶ ●

もんだい1				
1	①	②	③	④
2	①	②	③	④
3	①	②	③	④
4	①	②	③	④
5	①	②	③	④
6	①	②	③	④
7	①	②	③	④
8	①	②	③	④
9	①	②	③	④
10	①	②	③	④
11	①	②	③	④
12	①	②	③	④
13	①	②	③	④
14	①	②	③	④
15	①	②	③	④
もんだい2				
16	①	②	③	④
17	①	②	③	④
18	①	②	③	④
19	①	②	③	④
20	①	②	③	④

もんだい3				
21	①	②	③	④
22	①	②	③	④
23	①	②	③	④
24	①	②	③	④
25	①	②	③	④
もんだい4				
26	①	②	③	④
27	①	②	③	④
28	①	②	③	④
29	①	②	③	④
もんだい5				
30	①	②	③	④
31	①	②	③	④
32	①	②	③	④
33	①	②	③	④

もんだい6				
34	①	②	③	④
35	①	②	③	④

ごうかくもし　かいとうようし

N4 ちょうかい

第2回

じゅけんばんごう Examinee Registration Number	

なまえ Name	

〈ちゅうい　Notes〉

1. くろいえんぴつ（HB、No.2）でかいてください。
   Use a black medium soft (HB or No.2) pencil.
   （ペンやボールペンではかかないでください。）
   (Do not use any kind of pen.)
2. かきなおすときは、けしゴムできれいにけしてください。
   Erase any unintended marks completely.
3. きたなくしたり、おったりしないでください。
   Do not soil or bend this sheet.
4. マークれい Marking Examples

よいれい Correct Example	わるいれい Incorrect Examples
●	⊗ ⊘ ○ ◎ ⊜ ⦶ ●

もんだい1

れい	①	②	③	●
1	①	②	③	④
2	①	②	③	④
3	①	②	③	④
4	①	②	③	④
5	①	②	③	④
6	①	②	③	④
7	①	②	③	④
8	①	②	③	④

もんだい2

れい	①	②	③	●
1	①	②	③	④
2	①	②	③	④
3	①	②	③	④
4	①	②	③	④
5	①	②	③	④
6	①	②	③	④
7	①	②	③	④

もんだい3

れい	●	②	③
1	①	②	③
2	①	②	③
3	①	②	③
4	①	②	③
5	①	②	③

もんだい4

れい	●	②	③
1	①	②	③
2	①	②	③
3	①	②	③
4	①	②	③
5	①	②	③
6	①	②	③
7	①	②	③
8	①	②	③

合格模試　第3回　　　　　　　　　　　　　　　　もんだいようし

N4

げんごちしき（もじ・ごい）

（30ぷん）

ちゅうい
Notes

1. しけんが　はじまるまで、この　もんだいようしを　あけないで　ください。
Do not open this question booklet until the test begins.

2. この　もんだいようしを　もって　かえる　ことは　できません。
Do not take this question booklet with you after the test.

3. じゅけんばんごうと　なまえを　したの　らんに、じゅけんひょうと　おなじように　かいて　ください。
Write your examinee registration number and name clearly in each box below as written on your test voucher.

4. この　もんだいようしは、ぜんぶで　9ページ　あります。
This question booklet has 9 pages.

5. もんだいには　かいとうばんごうの［1］、［2］、［3］… が　あります。かいとうは、かいとうようしに　ある　おなじ　ばんごうの　ところに　マークして　ください。
One of the row numbers ［1］,［2］,［3］… is given for each question. Mark your answer in the same row of the answer sheet.

じゅけんばんごう　Examinee Registration Number	
なまえ　Name	

もんだい1　＿＿＿の　ことばは　ひらがなで　どう　かきますか。
1・2・3・4から　いちばん　いい　ものを　ひとつ　えらんで　ください。

（れい）　この　りんごが　とても　甘いです。
　1　あかい　　2　あまい　　3　あおい　　4　あらい

（かいとうようし）

（れい）	①　●　③　④

1　8時に　がっこうに　着きました。
　1　なき　　2　つき　　3　とどき　　4　きき

2　たいふうで、たくさんの　どうぶつが　死にしました。
　1　あ　　2　き　　3　ふ　　4　し

3　きのう　牛肉を　食べました。
　1　とりにく　　2　ぶたにく　　3　ぎょうにく　　4　ぎゅうにく

4　日本の　旅館に　はじめて　とまりました。
　1　ほてる　　2　りょかん　　3　たびかん　　4　りょうかん

5　きょうは　空が　きれいですね。
　1　そら　　2　ほし　　3　つき　　4　くう

6　じかんが　足りなくて、できませんでした。
　1　あし　　2　そく　　3　あ　　4　た

7　友だちと　サッカーの　試合を　見ます。
　1　しあう　　2　しけん　　3　しごう　　4　しあい

8 きょうは　この　レストランは　<u>空いて</u>　います。

1　すいて　　2　ないて　　3　きいて　　4　さいて

9 きのう　デパートに　<u>服</u>を　買いに　行きました。

1　くつ　　2　かし　　3　ふく　　4　あめ

もんだい2　＿＿＿の　ことばは　どう　かきますか。1・2・3・4から　いちばん　いい　ものを　ひとつ　えらんで　ください。

（れい）　つくえの　うえに　ねこが　います。

1　上　　2　下　　3　左　　4　右

（かいとうようし）

（れい）	● ② ③ ④

---

10 この　へやは　ひろいです。

1　広い　　2　長い　　3　狭い　　4　細い

11 あそこで　うたって　いるのは　たなかさんです。

1　踊って　　2　歌って　　3　笑って　　4　怒って

12 どうしたら　いいか　わからなくて　こまって　います。

1　因って　　2　困って　　3　国って　　4　目って

13 えきの　まえで　友だちと　わかれました。

1　集れ　　2　別れ　　3　急れ　　4　回れ

14 この　みせの　ラーメンは　とくに　おいしいです。

1　持に　　2　待に　　3　特に　　4　地に

15 友だちに　おもしろい　えいがを　しょうかいしました。

1　招待　　2　紹介　　3　介紹　　4　待招

もんだい３　（　　　）に　なにを　いれますか。１・２・３・４から　いちばん　いい　ものを　ひとつ　えらんで　ください。

（れい）　この　おかしは　（　　　）　おいしくないです。

1　とても　　2　すこし　　3　あまり　　4　しょうしょう

（かいとうようし）

（れい）	①　②　●　④

---

16 むずかしい　かんじを　かくのは　まだ　（　　　）です。

1　むり　　2　じょうず　　3　すき　　4　きらい

17 おいしそうな　（　　　）が　します。

1　こえ　　2　あじ　　3　いろ　　4　におい

18 ねぼうして　しけんに　（　　　）しまいました。

1　わすれて　　2　おくれて　　3　まにあって　　4　さんかして

19 じこの　ニュースを　見て、（　　　）しました。

1　はっきり　　2　そっくり　　3　しっかり　　4　びっくり

20 いそがしくて　（　　　）　メールの　チェックが　できません。

1　しょうしょう　　2　やっと　　3　なかなか　　4　むりに

21 友だち（　　　）に　先生も　パーティーに　きます。

1　いない　　2　いか　　3　いじょう　　4　いがい

22 この　あたりは　（　　　）が　ふべんです。

1　どうろ　　2　こうつう　　3　くうこう　　4　えき

23 10時に　友だちと　会いますから、でかける（　　　）を　します。

1　じゅんび　　2　れんらく　　3　あんない　　4　へんじ

24 にもつが　おもくて（　　　）が　いたい。

1　かお　　2　のど　　3　はな　　4　うで

25 わたしの　くにには、（　　　）どうぶつが　います。

1　めずらしい　　2　めったに　　3　むずかしい　　4　すくない

もんだい4　＿＿＿の　ぶんと　だいたい　おなじ　いみの　ぶんが　あります。1・2・3・4から　いちばん　いい　ものを　ひとつ　えらんで　ください。

（れい）　この　へやは　きんえんです。

1　この　へやは　たばこを　すっては　いけません。

2　この　へやは　たばこを　すっても　いいです。

3　この　へやは　たばこを　すわなければ　いけません。

4　この　へやは　たばこを　すわなくても　いいです。

（かいとうようし）

（れい）	●　②　③　④

26　なまえを　かく　ひつようは　ありません。

1　なまえを　かいても　いいです。

2　なまえを　かかなくても　いいです。

3　なまえを　かいては　いけません。

4　なまえを　かかなくては　いけません。

27　この　へやは　ひえますね。

1　この　へやは　さむいですね。

2　この　へやは　あたたかいですね。

3　この　へやは　あかるいですね。

4　この　へやは　くらいですね。

28　わたしは　どくしんです。

1　わたしは　かぞくが　いません。

2　わたしは　友だちが　いません。

3　わたしは　しごとして　いません。

4　わたしは　けっこんして　いません。

29 <u>きょうしつに　おおぜいの　人が　います。</u>

1　きょうしつに　何人か　います。

2　きょうしつに　だれも　いません。

3　きょうしつに　たくさん　人が　います。

4　きょうしつに　まあまあ　人が　います。

30 <u>おとうとは　とても　よろこびました。</u>

1　おとうとは　とても　たのしかったです。

2　おとうとは　とても　はずかしかったです。

3　おとうとは　とても　うれしかったです。

4　おとうとは　とても　かなしかったです。

もんだい5　つぎの　ことばの　つかいかたで　いちばん　いい　ものを　1・2・3・4から　ひとつ　えらんで　ください。

（れい）　こたえる

1　かんじを　大きく　こたえて　ください。

2　本を　たくさん　こたえて　ください。

3　わたしの　はなしを　よく　こたえて　ください。

4　先生の　しつもんに　ちゃんと　こたえて　ください。

（かいとうようし）

（れい）	①　②　③　●

31　かわく

1　いい　てんきだったので、せんたくものが　よく　かわきました。

2　ひるごはんを　食べなかったので、おなかが　かわきました。

3　よく　べんきょうしたので、あたまが　かわきました。

4　テニスを　したので、からだが　かわきました。

32　しょうらい

1　この　いぬは　しょうらい　大きく　なります。

2　しょうらいは　おかねもちに　なりたいです。

3　しょうらい　8時から　友だちが　きます。

4　よる　ねないと、しょうらい　ちこくしますよ。

33　りっぱ

1　もっと　りっぱに　そうじして　ください。

2　ずっと　りっぱな　雨が　ふって　いますね。

3　りっぱだと　おもいますが、がんばって　ください。

4　りっぱな　スピーチでしたね。

34 くばる

1　はなに　みずを　<u>くばります</u>。

2　先生が　テストの　もんだいようしを　<u>くばります</u>。

3　コーヒーに　さとうを　<u>くばります</u>。

4　お母さんは　あかちゃんに　ミルクを　<u>くばります</u>。

35 やむ

1　やっと　ゆきが　<u>やみました</u>。

2　すきだった　先生が　<u>やみました</u>。

3　がっこうの　まえで　くるまが　<u>やみました</u>。

4　子どもが　ないて　いましたが、<u>やみました</u>。

合格模試　第3回　　　　　　　　　　　　問題用紙

N4

言語知識（文法）・読解

（60分）

注　　意

Notes

1. 試験が始まるまで、この問題用紙を開けないでください。

   Do not open this question booklet until the test begins.

2. この問題用紙を持って帰ることはできません。

   Do not take this question booklet with you after the test.

3. 受験番号と名前を下の欄に、受験票と同じように書いてください。

   Write your examinee registration number and name clearly in each box below as written on your test voucher.

4. この問題用紙は、全部で14ページあります。

   This question booklet has 14 pages.

5. 問題には解答番号の 1 、 2 、 3 … があります。
   解答は、解答用紙にある同じ番号のところにマークしてください。

   One of the row numbers 1, 2, 3 … is given for each question. Mark your answer in the same row of the answer sheet.

受験番号　Examinee Registration Number	

名前　Name	

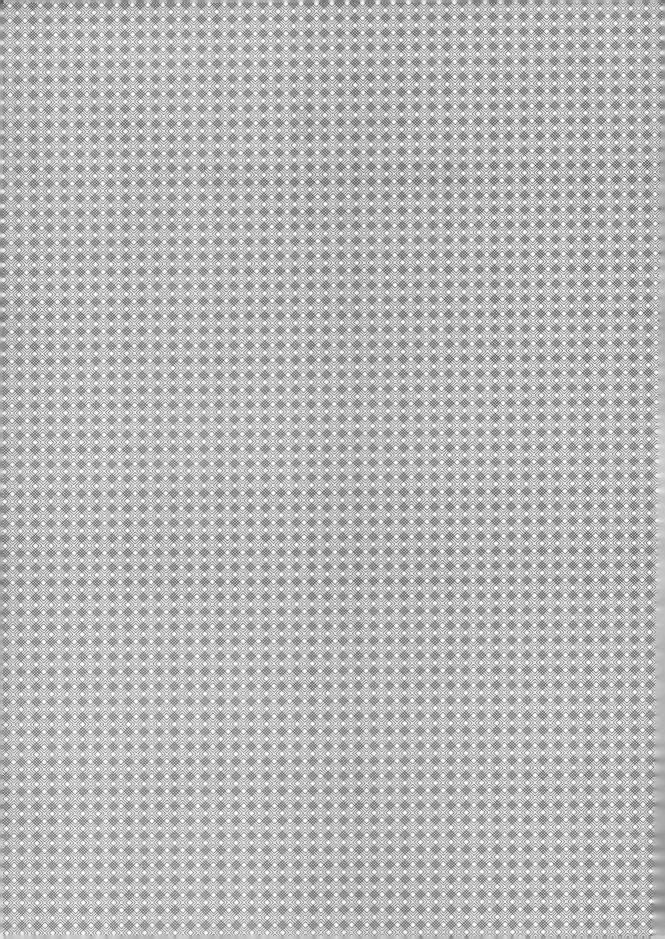

もんだい1　（　　　）に　何を　入れますか。1・2・3・4から　いちばん
いい　ものを　一つ　えらんで　ください。

（例(れい)）　あした　京都(きょうと)（　　　）　行きます。

1　を　　2　へ　　3　と　　4　の

（解答用紙(かいとうようし)）

（例(れい)）	①　●　③　④

1　休(やす)みの　日は　いつも　母（　　　）　料理を　するのを　手伝(てつだ)います。

1　は　　2　を　　3　に　　4　が

2　鈴木(すずき)さんは　頭(あたま)も　（　　　）　スポーツも　できます。

1　いいから　　2　よかったから　　3　よかったし　　4　いいし

3　これから　スーパーへ　行く　（　　　）です。

1　ところ　　2　とき　　3　こと　　4　ほう

4　家を　出てから　忘(わす)れもの（　　　）　気が　つきました。

1　が　　2　を　　3　で　　4　に

5　漢字(かんじ)の　（　　　）を　教えて　ください。

1　書きかた　　2　書くかた　　3　書かせかた　　4　書かれかた

6　この　くすりは　いたい　とき（　　　）　飲んで　ください。

1　で　　2　に　　3　や　　4　の

7　田中(たなか)さんに　聞きましたよ。あしたは　（　　　）そうです。

1　ひまの　　2　ひまな　　3　ひまだ　　4　ひま

8　あの　二人は　先月　けっこんした　（　　　）です。

1　ところ　　2　あいだ　　3　ばかり　　4　とき

9 A「どの　ぼうしが　いいですか。」
B「赤い（　　　）が　いいです。」

1　と　　2　こと　　3　の　　4　な

10（　　　）じょうぶな　自転車(じてんしゃ)が　ほしいです。

1　かるさで　　2　かるくて　　3　かるいで　　4　かるさの

11 A「レストランが　しまって　いますね。」
B「ええ。でも　もうすぐ　（　　　）。」

1　あくです　　2　あくでしょう　　3　あきました　　4　あきましょう

12 きのうは　3時間しか　（　　　）。

1　ねました　　2　ねませんでした

3　おきました　　4　おきませんでした

13 母に　（　　　）ように　きらいな　魚(さかな)を　全部(ぜんぶ)　食べました。

1　しからない　　2　しかれない　　3　しかられない　　4　しからせない

14 ぐあいが　悪(わる)いので、あしたは　（　　　）。

1　休(やす)ませても　いいですか　　2　休(やす)ませて　ください

3　休(やす)んで　くれませんか　　4　休(やす)みたいですか

15 私は　兄弟(きょうだい)が　いませんが、ペットを　かってからは、（　　　）。

1　さびしく　なくなりました　　2　さびしく　なりました

3　さびしく　なりそうです　　4　さびしかったです

もんだい2　＿★＿に　入る　ものは　どれですか。1・2・3・4から　いちばん　いい　ものを　一つ　えらんで　ください。

（問題例）

本は　＿＿＿　＿＿＿　＿★＿　＿＿＿　あります。

1　の　　2　に　　3　上　　4　つくえ

（答え方）

1. 正しい　文を　作ります。

> 本は　＿＿＿　＿＿＿　＿★＿　＿＿＿　あります。
>
> 4　つくえ　1　の　3　上　2　に

2. ＿★＿に　入る　番号を　黒く　塗ります。

（解答用紙）	（例）	①　②　●　④

---

16 毎日　カレーを　＿＿＿　＿★＿　＿＿＿　＿＿＿　に　なります。

1　ばかり　　2　食べさせられて　　3　で　　4　いや

17 両親に　＿＿＿　＿＿＿　＿★＿　＿＿＿　つもりです。

1　反対　　2　する　　3　されても　　4　留学

18 前は　きらいだったけれど、＿＿＿　＿＿＿　＿★＿　＿＿＿。

1　ように　　2　バナナが　　3　なった　　4　食べられる

19 料理が　＿★＿　＿＿＿　＿＿＿　＿＿＿　です。食べて　みて　ください。

1　ケーキ　　2　姉が　　3　上手な　　4　作った

20 A「部長(ぶちょう)の　お誕生日(たんじょうび)の　プレゼントは、もう　買いましたか。」

B「はい。部長(ぶちょう)が　＿＿＿　＿＿＿　＿★＿　＿＿＿　しました。」

1　お酒(さけ)を　　2　さしあげる　　3　好きな　　4　ことに

もんだい3　[21]から　[25]に　何を　入れますか。文章の　意味を　考えて、1・2・3・4から　いちばん　いい　ものを　一つ　えらんで　ください。

下の　文章は　留学生が　書いた　作文です。

京都の　旅行

アルベルト

先週　私は　京都に　行きました。京都[21]　古い　神社や　お寺が　たくさん　あります。私が　一番　おもしろいと　思った　お寺は、金閣寺です。金閣寺は　足利義満と　いう　人に　よって　1394年に　[22]。金閣寺は　金色で、とても　きれいでした。そして、金閣寺の　庭[23]　きれいだと　思いました。

私は　金閣寺の　写真を　たくさん　撮りました。そのとき、日本人の　学生が　私に　「すみません、[24]」と　聞きました。私は　「もちろん、いいですよ。」と　言って、写真を　撮って　あげました。写真を　撮った　あと、日本人の　学生と　日本語で　いろいろ　話しました。とても　楽しかったです。

私は　京都が　とても　好きに　なりました。また　[25]　京都に　行きたいです。

21

1　には　　2　では　　3　からは　　4　までは

22

1　建(た)って　いました　　2　建(た)てさせました
3　建(た)てようと　しました　　4　建(た)てられました

23

1　で　　2　に　　3　も　　4　から

24

1　写真(しゃしん)を　撮(と)って　あげましょうか　　2　写真(しゃしん)を　撮(と)ったら　どうですか
3　写真(しゃしん)を　撮(と)って　いただけませんか　　4　写真(しゃしん)を　お撮(と)りしましょうか

25

1　どこか　　2　いつか　　3　だれか　　4　どれか

もんだい4　つぎの(1)から(4)の文章を読んで、質問に答えてください。答えは、1・2・3・4から、いちばんいいものを一つえらんでください。

(1)

町のお掃除ボランティアの人がこのメモをもらいました。

> お掃除ボランティアのみなさんへ
>
> 　毎週土曜日にやっている、町のお掃除ボランティアですが、いつも集まっている公園が工事で、使えません。そこで、来週から、集まる場所を公園ではなく、駅前の駐車場にすることにしました。時間はいつもと同じです。朝9時に、ごみ袋を持って駐車場に来てください。何かわからないことがあったら、田中さんに連絡してください。

26 このメモで一番伝えたいことは何ですか。

1　いつも使っている公園が工事をすること

2　集まる場所が駅前の駐車場になったということ

3　集まる場所と時間が変わったということ

4　田中さんに連絡してほしいということ

(2)

お酒は体によくないから、飲まないという人がいます。しかし、お酒を飲むと、気分がよくなり、ストレスを減らすことができるという人もいます。ただし、毎日お酒を飲み続けたり、一回にたくさんのお酒を飲んだりするのはやめましょう。また、何も食べないで、お酒だけを飲む飲み方も、体にはよくないので、注意してください。

27 お酒の飲み方としていいものはどれですか。

1　ごはんなどを食べながら、お酒を飲む。

2　ストレスを減らしながら、お酒を飲む。

3　毎日お酒を飲み続ける。

4　一回にたくさんのお酒を飲む。

(3)

山川さんの机の上に、このメモが置いてありました。

> 山川さんへ
>
> 今日、会議をする部屋はせまますぎるので、もう少し大きい部屋に変えてもらえますか。
>
> 会議で使うパソコンは、私が用意しておきます。
>
> 田中くんが資料をコピーするのを手伝ってくれました。資料は机の上に置いておきます。
>
> 今日の会議は長くなりそうですが、がんばりましょう。
>
> 上田

28 山川さんは、何をしなければいけませんか。

1 大きい部屋を新しく予約する。
2 会議で使うパソコンを用意する。
3 田中くんのコピーを手伝う。
4 資料を机の上に置いておく。

(4)

私は、先月から動物園のアルバイトを始めました。仕事は、動物園に来るお客さんを案内したり、お客さんに動物について説明したりすることです。子どもたちには、動物のことがいろいろわかるように、動物の絵や写真を見せながら、わかりやすく話すようにしています。毎日忙しいですが、かわいい動物に会えて、とても楽しいです。

29 この人の仕事ではないものはどれですか。

1　お客さんに動物園の中を案内してあげる。

2　動物園に来たお客さんに動物について説明する。

3　子どもたちに動物の絵や写真をあげる。

4　動物のことについてわかりやすく話す。

もんだい5　つぎの文章を読んで、質問に答えてください。答えは、1・2・3・4から、いちばんいいものを一つえらんでください。

日本人は、だれかの話を聞いているあいだ、たくさんあいづちを打つ。あいづちを打つとは、何回も「うん、うん」や「へー」、「そうですね」と言ったり、頭を上下にふったりすることだ。あいづちは、「あなたの話を聞いていますよ」、「どうぞ、話を続けてください」ということを伝えるためのものである。

しかし、外国では、人の話を聞くときは、相手の目を見て、話し終わるまで、何も言わないほうがいいと考える文化もある。もし、その人と日本人が話すことがあったら、話している外国人には、話を聞いている日本人が「うん、うん」、「はい、はい」などのことばを言い続けるので、①うるさいと思う人もいるだろう。反対に、日本人は話をしているとき、外国人があいづちを打たないので、②不安に思ってしまうことが多いのではないかと思う。

文化が違うと、コミュニケーションの方法も違う。だから、日本人と外国人では、「(　　　　　)」ということを伝える方法が違うことを理解して、コミュニケーションのやりかたを考えたほうがいい。そうすれば、あいづちを打っても、打たなくても、気持ちよくコミュニケーションができるはずである。

第3回

読解

30 なぜ①うるさいと思う人もいるのですか。

1　日本人は、相手が話し終わるまで、相手の目を見ているから。

2　日本人は、だれかが話しているときに、たくさんあいづちを打つから。

3　日本人は、あいづちを打たないで、たくさん話しているから。

4　日本人は、「うん、うん」、「はい、はい」しか言わないから。

31 なぜ②「不安に思ってしまう」のですか。

1　相手が、目をずっと見続けてくるから。

2　相手が、何回も「うん、うん」、「はい、はい」とあいづちを打つから。

3　相手が、話を聞いていないのではないかと思うから。

4　相手が、うるさいと思っているかどうかわからないから。

32 （　　）に入れるのに、一番いい文はどれですか。

1　「うん、うん」、「はい、はい」「へー」「なるほど」

2　聞いているかどうか不安です

3　何も言わないほうがいい

4　私はあなたの話を聞いていますよ

33 この文章を書いた人はどんな意見を持っていますか。

1　文化が違うことを理解して、よりよいコミュニケーションのやりかたを考えてみよう。

2　外国人に日本の文化を理解してもらうために、たくさんあいづちを打つべきだ。

3　文化が違う人とコミュニケーションをとることは難しいので、あきらめたほうがいい。

4　あいづちを打つと外国人にうるさいと思われるので、あいづちを打つべきではない。

もんだい６　右のページを見て、下の質問に答えてください。答えは、１・２・３・４から、いちばんいいものを一つえらんでください。

キムさんは自転車がほしいと思っています。大学で、いらない自転車を人にあげるというお知らせを読んでいます。

34 キムさんは３人に電話で質問しようと思っています。今は木曜日の午後３時です。だれに連絡できますか。

1　前田さん

2　中山さん

3　前田さんとトムさん

4　前田さんと中山さんとトムさん

35 キムさんは5,000円ぐらいまでお金を払うつもりです。どの自転車をもらいますか。

1　A

2　B

3　C

4　もらわない

いらない自転車をさしあげます！

A

1年前に12,000円で買いましたが、買った値段から50%安くして、ほしい人にあげます。あまり使わなかったので、とてもきれいで、壊れているところもありません。

月曜日、火曜日、金曜日は授業とアルバイトがあるので、電話に出られないと思います。それ以外の日に電話してください。できれば午後がいいです。家まで無料で届けに行きます。

前田：090-0000-0000

B

車を買ったので、自転車がいらなくなりました。高校のとき、3年間使いました。少し壊れているところがありますが、直せばすぐに乗れます。値段は7,000円ですが、家まで取りに来てくれるなら、2,000円安くします。家は大学から歩いて5分くらいのところにあります。

月曜日から金曜日までは授業で忙しいので、電話に出られません。ほしい人は必ず土日に電話してください。

中山：044-455-6666

C

古い自転車をただであげます。かなり古いので、自転車のお店で直してもらわなければいけないと思います。お店の人に聞いたら、直すのに5,000円くらいかかると言われました。家まで自転車を届けるので、1,000円お願いします。

質問がある人は、何でも聞いてください。午後はアルバイトがあるので電話に出られませんが、午前中ならいつでも大丈夫です。

トム：090-1111-1111

合格模試　第3回　　　　　　　　　　　　　　　　　　　　　問題用紙

N4

聴解

（35分）

注　意

Notes

1. 試験が始まるまで、この問題用紙を開けないでください。
   Do not open this question booklet until the test begins.

2. この問題用紙を持って帰ることはできません。
   Do not take this question booklet with you after the test.

3. 受験番号と名前を下の欄に、受験票と同じように書いてください。
   Write your examinee registration number and name clearly in each box below as written on your test voucher.

4. この問題用紙は、全部で15ページあります。
   This question booklet has 15 pages.

5. この問題用紙にメモをとってもいいです。
   You may make notes in this question booklet.

受験番号　Examinee Registration Number	

名前　Name	

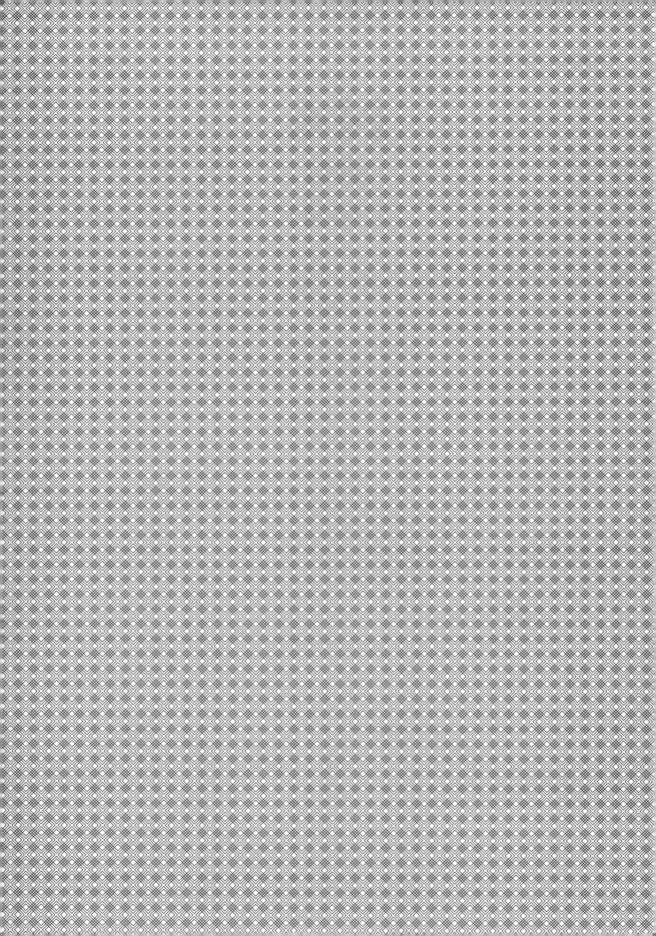

もんだい1　N4_3_02

もんだい1では、まず　しつもんを　聞いて　ください。それから　話を　聞いて、もんだいようしの　1から4の　中から、いちばん　いい　ものを　一つ　えらんで　ください。

れい　N4_3_03

1　ゆうびんきょくの　前で　まつ
2　ちゃいろい　ビルの　中に　入る
3　コンビニで　買いものを　する
4　しんごうを　わたる

1ばん N4_3_04

1

2

3

4

2ばん N4_3_05

1

2

3

4

3ばん 

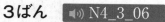

1　1,500円
2　1,800円
3　2,000円
4　2,500円

4ばん N4_3_07

1　301の　きょうしつに　行く
2　とけいを　もって　行く
3　ボールペンで　かく
4　かばんを　うしろの　テーブルに　おく

5ばん N4_3_08

1　ア　イ
2　イ　エ
3　ウ　オ
4　ウ　エ

6ばん N4_6_09

7ばん N4_3_10

1　先生（せんせい）

2　としょかんの　人（ひと）

3　ほかの　学生（がくせい）

4　林（はやし）くん

8ばん N4_3_11

1

2

3

4

もんだい2 N4_3_12

もんだい2では、まず　しつもんを　聞いて　ください。そのあと、もんだいようしを　見て　ください。読む　時間が　あります。それから　話を　聞いて、もんだいようしの　1から4の　中から、いちばん　いい　ものを　一つ　えらんで　ください。

れい N4_3_13

1　ピンクの　きもの
2　くろい　きもの
3　ピンクの　ドレス
4　くろい　ドレス

1ばん N4_3_14

1　4時

2　5時30分

3　6時

4　6時30分

2ばん N4_3_15

1　おいしく　ないから

2　おなかが　いたいから

3　おひるに　カレーを　食べたから

4　びょうきに　なったから

3ばん N4_3_16

1 お肉（にく）

2 飲（の）みもの

3 タオル

4 いす

4ばん N4_3_17

1 山田（やまだ）さんが　おなじ　おみせで　はたらいて　いるから

2 あまり　いそがしく　ないから

3 おみせの　人（ひと）が　やさしくて、おもしろいから

4 おんがくが　すきだから

5ばん N4_3_18

1　ゲームを　やりすぎて　いるから

2　テストで　100てんが　とれないから

3　ゲームを　かえして　くれないから

4　いっしょうけんめい　べんきょうしないから

6ばん N4_3_19

1　3人(にん)

2　4人(にん)

3　5人(にん)

4　6人(にん)

7ばん N4_3_20

1　ネックレス

2　ハンカチ

3　ケーキ

4　コップ

もんだい3 N4_3_21

もんだい3では、えを　見(み)ながら　しつもんを　聞(き)いて　ください。→（やじるし）の　人(ひと)は　何(なん)と　言(い)いますか。1から3の　中(なか)から、いちばん　いい　ものを　一(ひと)つ　えらんで　ください。

れい N4_3_22

第3回

聴解

1ばん N4_3_23

2ばん N4_3_24

3ばん N4_3_25

4ばん N4_3_26

第3回

聴解

5ばん N4_3_27

もんだい4 N4_3_28

もんだい4では、えなどが　ありません。まず　ぶんを　聞（き）いて　ください。それから、その　へんじを　聞（き）いて、1から3の　中（なか）から、いちばん　いい　ものを　一（ひと）つ　えらんで　ください。

れい N4_3_29

1ばん N4_3_30

2ばん N4_3_31

3ばん N4_3_32

4ばん N4_3_33

5ばん N4_3_34

6ばん N4_3_35

7ばん N4_3_36

8ばん N4_3_37

ごうかくもし　かいとうようし

N4 げんごちしき（もじ・ごい）

第3回

じゅけんばんごう Examinee Registration Number	

なまえ Name	

〈ちゅうい　Notes〉

1. くろいえんぴつ（HB、No.2）でかいてください。
   Use a black medium soft (HB or No.2) pencil.
   （ペンやボールペンではかかないでください。）
   (Do not use any kind of pen.)
2. かきなおすときは、けしゴムできれいにけしてください。
   Erase any unintended marks completely.
3. きたなくしたり、おったりしないでください。
   Do not soil or bend this sheet.
4. マークれい Marking Examples

よいれい Correct Example	わるいれい Incorrect Examples
●	⊗ ✓ ○ ◎ ◍ ◐ ●

もんだい1				
1	①	②	③	④
2	①	②	③	④
3	①	②	③	④
4	①	②	③	④
5	①	②	③	④
6	①	②	③	④
7	①	②	③	④
8	①	②	③	④
9	①	②	③	④
もんだい2				
10	①	②	③	④
11	①	②	③	④
12	①	②	③	④
13	①	②	③	④
14	①	②	③	④
15	①	②	③	④

もんだい3				
16	①	②	③	④
17	①	②	③	④
18	①	②	③	④
19	①	②	③	④
20	①	②	③	④
21	①	②	③	④
22	①	②	③	④
23	①	②	③	④
24	①	②	③	④
25	①	②	③	④
もんだい4				
26	①	②	③	④
27	①	②	③	④
28	①	②	③	④
29	①	②	③	④
30	①	②	③	④

もんだい5				
31	①	②	③	④
32	①	②	③	④
33	①	②	③	④
34	①	②	③	④
35	①	②	③	④

ごうかくもし　かいとうようし

N4 げんごちしき（ぶんぽう）・どっかい

第3回

じゅけんばんごう Examinee Registration Number		なまえ Name	

〈ちゅうい　Notes〉

1. くろいえんぴつ（HB、No.2）でかいてください。
   Use a black medium soft (HB or No.2) pencil.
   （ペンやボールペンではかかないでください。）
   (Do not use any kind of pen.)
2. かきなおすときは、けしゴムできれいにけしてください。
   Erase any unintended marks completely.
3. きたなくしたり、おったりしないでください。
   Do not soil or bend this sheet.
4. マークれい Marking Examples

よいれい Correct Example	わるいれい Incorrect Examples
●	⊗ ✓ ○ ◎ ◍ ⦶ ●

もんだい1	
1	① ② ③ ④
2	① ② ③ ④
3	① ② ③ ④
4	① ② ③ ④
5	① ② ③ ④
6	① ② ③ ④
7	① ② ③ ④
8	① ② ③ ④
9	① ② ③ ④
10	① ② ③ ④
11	① ② ③ ④
12	① ② ③ ④
13	① ② ③ ④
14	① ② ③ ④
15	① ② ③ ④
もんだい2	
16	① ② ③ ④
17	① ② ③ ④
18	① ② ③ ④
19	① ② ③ ④
20	① ② ③ ④

もんだい3	
21	① ② ③ ④
22	① ② ③ ④
23	① ② ③ ④
24	① ② ③ ④
25	① ② ③ ④
もんだい4	
26	① ② ③ ④
27	① ② ③ ④
28	① ② ③ ④
29	① ② ③ ④
もんだい5	
30	① ② ③ ④
31	① ② ③ ④
32	① ② ③ ④
33	① ② ③ ④

もんだい6	
34	① ② ③ ④
35	① ② ③ ④

ごうかくもし　かいとうようし

N4 ちょうかい

第3回

じゅけんばんごう Examinee Registration Number		なまえ Name	

〈ちゅうい　Notes〉

1. くろいえんぴつ（HB、No.2）でかいてください。
   Use a black medium soft (HB or No.2) pencil.
   （ペンやボールペンではかかないでください。）
   (Do not use any kind of pen.)
2. かきなおすときは、けしゴムできれいにけしてください。
   Erase any unintended marks completely.
3. きたなくしたり、おったりしないでください。
   Do not soil or bend this sheet.
4. マークれい Marking Examples

よいれい Correct Example	わるいれい Incorrect Examples
●	⊗ ✓ ○ ◎ ◉ ⦶ ●

もんだい1

れい	①	②	③	●
1	①	②	③	④
2	①	②	③	④
3	①	②	③	④
4	①	②	③	④
5	①	②	③	④
6	①	②	③	④
7	①	②	③	④
8	①	②	③	④

もんだい2

れい	①	②	③	●
1	①	②	③	④
2	①	②	③	④
3	①	②	③	④
4	①	②	③	④
5	①	②	③	④
6	①	②	③	④
7	①	②	③	④

もんだい3

れい	●	②	③
1	①	②	③
2	①	②	③
3	①	②	③
4	①	②	③
5	①	②	③

もんだい4

れい	●	②	③
1	①	②	③
2	①	②	③
3	①	②	③
4	①	②	③
5	①	②	③
6	①	②	③
7	①	②	③
8	①	②	③